JOSÉ CARLOS DE BOM SUCESSO

Inspiração

1ª edição

Bom Sucesso – MG
"edição do autor"
2020

Carlos de Bom Sucesso, José

Inspiração / José Carlos de Bom Sucesso

Minas Gerais 2020

ISBN: 978-65-00-08230-2

115 p; 14x21 cm – ed. popular

Capa – José Carlos de Bom Sucesso

“Você é a fonte de conhecimento da humanidade e seja você mesmo”.

Existe algo dentro de você

Que somente você saberá.

Será algo cheio de vida, cheio de amor.

Basta olhar para si mesmo,

Sem medo, sem dor.

Encontrará dentro de você, você mesmo.

À esposa Silésia, aos filhos Igor e Iasmin que me deram suporte para mais esta obra.

Aos amigos do Facebook, aos acadêmicos da Academia Lavrense de Letras – ALL, aos companheiros João Paulo, Rômulo Alves.

Escrever é uma arte e o artista é o leitor. O poeta é aquele que escreve os versos para os outros, jamais escreve uma frase para si. O escritor é aquele que entra na vida dos personagens sem pedir licença. Chora, ri, bate palmas e consegue contar até o número de estrelas no noturno céu. Ler é presenciar as cenas na própria mente.

Boa leitura. Espero comentários e temas em josecarlos.bomsucesso@yahoo.com.br.

Um amigo

Hoje estou muito feliz.

Quando sai de casa, vi um velho amigo, que assim me falou:

- Oi, oi...

- Você está esquecendo de me cumprimentar?

Olhei a minha volta e não vi nada. Achei que fosse alguém, algum conhecido que estava perto de mim ou passou rapidamente pela rua. Ele me saudou, mas não o vi ou transitou perto de mim.

Mais uma vez fui interrompido por aquela pequena voz, meio fraca, com um tom meigo, que mais uma vez me disse:

- Oi, oi, veja-me. Estou bem perto de você. Olhe para mim.

Pensei que fosse um fantasma. Eu gosto de escrever sobre fantasmas e contos do além. É muito gostoso e às vezes tenho a sensação de que estou muito perto das próprias personagens.

Mais uma vez, não vi nada. Nem mesmo o que aquela misteriosa e meiga voz me dizia. Será que estaria eu sonhando ou pensando além da imaginação? Como poderia uma pequena voz dizer-me um cumprimento e tentar conversar comigo?

Parei, sem sentido no que estava acontecendo, e fiquei surpreso.

Ali, sobre uma pequena mesa, encontrava-se um pequeno amigo. Agora digo ser ele um verdadeiro amigo. Um companheiro de todos os momentos. Uma grande personalidade que está em todos os lugares. Dos mais longínquos lugares até os mais próximos espaços. Do imaginário ao visível. Enfim, uma personalidade que merece todo o destaque.

Mais uma vez, fui logo surpreendido:

- Eu sou seu grande amigo. Estou a todo momento perto de você. Na residência, nas viagens, nos dias de tristeza, nos dias de alegria, nas noites sem sono, nas conversas entre amigos, nos ensinamentos das verdadeiras doutrinas, enfim, estou muito perto de você e às vezes você nem sequer percebe a minha presença.

- Vou lhe dar mais uma pequena chance.

- Eu iniciei a vida há milhares de anos. Não sou tão velho assim.

- Presenciei toda a história da terra. Desde os mais remotos estudos até os dias atuais. Faço parte da história de qualquer país, inclusive o seu nato país.

- Fui objeto de polêmicas. Recebi muitas críticas. As críticas de bem e as críticas de mal. Nunca desisti de meu objetivo. Gosto de fazer com que as pessoas pensem o que melhor há de bom para suas vidas.

- Faço com que as pessoas fiquem felizes. Jamais as deixo tristes. Faço medo, faço com que elas pensem no futuro. Dou bons conselhos. Faço que alguém viaje no tempo presente, no futuro e até mesmo na vida cotidiana.

- Viajei por muitos países. Estou em todo lugar. Falo a Língua Portuguesa, falo também a língua Inglesa e falo muitas outras línguas.

- Portanto, você se lembra de mim?

Parei e vi, sobre a pequena mesa um verdadeiro amigo. O fiel para todos os momentos. O inesquecível e verdadeiro amigo que somente traz os melhores e bons conselhos. Uma enciclopédia de conhecimento. Uma história da humanidade do passado, do presente e do futuro. Uma dádiva de amor, de esperança, de paz e de amor. Sobre a pequena mesa estava meu melhor amigo: Um livro, um grande tesouro, a maior riqueza, um bom conselheiro, um amigo para todo o momento.

Procissão de Sexta-Feira da Paixão

No relógio da Igreja Matriz eram ouvidas as oito badaladas. Já era noite e todos concluíam ser vinte horas. As horas exatas para que o padre iniciasse as cerimônias em comemoração à Sexta-Feira Santa. Um dia muito esperado pela população. Um dia santo e de respeito para todos. Feriado nacional e dia de reflexão. Um momento muito esperado por todos, pois, no sermão a ser ouvido, estaria pregando o novo vigário, recém ordenado padre e naquele momento seria ele o pregador.

O jovem sacerdote era muito inteligente. Foi um dos melhores alunos no curso primário, no curso ginasial e nos cursos de Filosofia e Teologia. Era muito respeitado pela oratória. Discursava-se muito bem. Trazia o discurso sempre direcionado para cada casta social. Muito brincalhão e um ferrenho contador de piadas, estava ele, ali, junto ao vigário local, rodeado pelos auxiliares coroinhas, pelos cantores do coral de nome Luzes, dos figurantes, sendo visto e admirado pelos conterrâneos e outros visitantes que aguardavam a pregação.

Do outro lado do palco, montado exclusivamente para a cerimônia, estavam dois amigos de mais ou menos dezessete anos cada. Eram velhos amigos de infância, de adolescência e seriam futuros compadres, padrinhos ou algo que lhes acontecesse no futuro. Estavam calados e muito tristes, pois as festividades não estavam bem para ambos. No mesmo dia, os dois encerraram o namoro. Era somente tristeza para cada um. Estavam amargurados e sempre esqueciam de tocar no assunto, mas era de imediato quando um dizia que no ano anterior ele estava com a namorada. O outro, da mesma forma, também lembrava do passado. Poderia ver algumas lágrimas surgirem nos olhos de ambos, pois eles amavam verdadeiramente as namoradas. A vida estava iniciando para ambos, porém sem as companheiras do futuro.

Uma senhora subiu ao púlpito. Estava ela vestida de roupas pretas. Usava um véu, também na cor preta, muito longo. O vestido dela, de cor preta, o qual combinava com os sapatos e as meias. Tudo na cor preta. Com um pano nas mãos, onde se via pintado a face de Cristo, ela iniciava o cântico chamado de "Canto da Verônica". Muito bonito e todo ele cantado na língua latina. Era acompanhada por um coral e parte da banda de música da cidade.

Após a apresentação, o recém pároco pegou o microfone e iniciou o sermão dizendo em voz bem forte:

- Aos homens que passam por este caminho. Às mulheres que labutam em suas casas e sempre acompanhadas dos esposos. São dores da vida, são momentos dolosos e momentos felizes. Quem ainda não teve o seu namorado, a sua namorada, a sua noiva, o seu noivo, o seu esposo e a sua esposa. Tantos momentos bons foram passados, quantos abraços, quantas trocas de carinhos um para com o outro. Vejam, portanto a imagem de Cristo pregado no lenho desta cruz...

Os dois amigos estavam atentos às belas palavras do recém pároco. Ele é muito amigo dos dois e os familiares eram vizinhos. As palavras foram dominando os espíritos dos dois e contagiavam a alma. Esqueciam, naquele momento, dos problemas amorosos. Nem mesmo pensavam na tristeza do final do namoro. O padre continuava...

- Meus irmãos, acendam as velas e pensem nas coisas boas acontecidas. Lembrem-se de tudo. Ponha a mão no coração. Sintam as batidas e sintam o amor que está dentro de vocês.

Os dois, rapidamente, acenderam as velas. Estavam muito atentos a tudo. Nem mesmo lembravam das antigas namoradas. A vida para eles seria outra. Seria melhor e lutavam para encontrar novas amantes. O tempo ia passando. As velas continuavam acessas e as lindas palavras do recém vigário iam contagiando a todos que ali estavam. Falou sobre a família, sobre os problemas sociais, sobre a fraca economia do país, enfim, de tudo um pouco. O entusiasmo de todos fazia com que o ar ficasse mais leve, sem violência, sem desejo de vingança, enfim, tudo era novidade.

À frente deles, chegaram duas moças. Uma morena e a outra, meio loira. Eram bonitas, mas eram simples. Moravam na zona rural e vinham à cidade para estudar. Já estavam se preparando para o vestibular. Uma faria o curso de Ciências Contábeis e a outra queria ser advogada. Eles não se importaram com a presença delas. Por coincidência, o cabelo delas era grande e ambos cacheados.

O pároco, mais uma vez, voltou ao tempo e pediu para que os fiéis presentes recordassem do passado. Dos bons e dos maus momentos da vida e que olhassem para o lado direito de cada um, prestando muita atenção na pessoa ao lado.

Quando os dois olharam para o lado direito, com as velas acesas nas mãos, próximas uma da outra, viram, repentinamente as antigas namoradas (as duas eram irmãs), com os novos namorados. Admirados e com os corações explodindo de raiva, perderam a atenção nas velas que estavam acesas nas mãos. Tais velas se aproximaram dos cabelos das duas jovens que estavam à frente. Um zunido e o cheiro de cabelos queimados foram ouvidos e sentidos no momento. Eram lavaredas que saiam por todo o lado. Até o padre parou o sermão e pediu para terem cuidado com as velas.

Desapontados, cheios de vergonhas, os dois pediram desculpas a elas e foram recebidos com um sorriso bem delicado por parte delas. O padre pediu que cada um desse um abraço no companheiro ao lado. Neste momento, cada um abraçou a jovem preferida, mesmo sentindo o cheiro do cabelo queimado. Desta maneira, nasceu o namoro tão forte, tão sincero e tão bonito entre eles. Hoje, estão eles casados, com filhos e moram vizinhos um do outro.

Procura-se

Um amor que nunca amou,

Nem mesmo disse uma palavra de carinho.

Um amor que fala consigo mesmo

Nas noites frias e tenebrosas.

Um amor que já sofreu, sem mesmo ser conhecido.

Que falou alguma palavra do próprio amor.

Nem mesmo sabe o segredo e a maneira de amar.

Um possível elo de união entre o verdadeiro e o sombrio.

Um amor que ficou na saudade

De um tempo que passou,

Bem longe, muito longe da realidade.

Um amor que jamais sonhou com a atualidade.

Por onde anda este amor.

Está perto de alguém, está em algum lugar.

Então, procura-se por este amor?

Música mais linda do planeta

- Sabe da música mais linda do planeta? Aquela que ouvíamos, bem juntinhos, sentados ao sofá da sala, perto da janela, que dava fundos para a rua? Ela me dá uma sensação de liberdade, de estar perto de quem amo, de ver o mundo com os outros olhos. De sonhar e poder contar os sonhos para as pessoas. De querer ver que estou ainda viva, cheia de forças, de vontade de vencer...

Dona Maria, aos oitenta e nove anos, dizia várias vezes ao dia. Falava a esmos, pois não tinha ninguém por perto para ouvi-la, nem mesmo um pássaro que vinha todos os dias e pousava no galho da árvore de beijo, logo abaixo da janela do quarto. Sorria, muito alegre. As risadas eram altas e eram interrompidas por uma pequena tosse. Tossia muito, mas aos poucos, a crise ia passando e ela, novamente, repetia a mesma frase:

- Sabe da ...

Conta-se que Dona Maria foi uma jovem muito bonita. Tinha um dom de prever as coisas do futuro. Dizia que ela, por muitas vezes, via e sentia algo sobrenatural dentro de si mesma. Tornava-se leve como uma folha. Sentia-se livre e parecia flutuar como se fosse uma pena de ave junto ao vento que lhe soprava. Às vezes, sentia-se calor dentro de si. Outras vezes, dizia que via algumas criaturas bem pequenas, de mais ou menos sessenta centímetros, se aproximando dela. Neste momento, os sonhos, as previsões e tudo o que lhe diziam, ela guardava dentro de si. Não tinha medo e sempre falava que eles eram os melhores amigos dela. Falavam que ela casaria com um jovem muito rico, grande possuidor de terras, imenso criador de rebanho bovino e que eles seriam felizes para sempre, até que a morte os separasse.

O tempo passou. Dona Maria realizou os sonhos. Casou-se muito bem. Teve filhos e o marido foi muito bom para ela. Ele foi um dos primeiros que comprou o sofá na época, um lindo sofá. Comprou um rádio, daqueles de quatro faixas, que sintonizava em ondas AM e eram poucas as emissoras da época.

Todas as noites, após o término da labuta do lar e dos afazeres da fazenda, os dois sentavam no sofá, logo abaixo da janela. Ele, imediatamente, ligava o rádio e a sintonia já era própria. O som não era tão bom assim, pois, às vezes, com vento forte e chuva, a sintonia era difícil e sempre a emissora saia do ar. Voltava logo. Ali, juntos, os dois ouviam músicas, ouviam notícias e sempre mantinham as conversas. Falavam de tudo. Conversavam entre si e ainda buscavam os dois filhos para ouvirem o rádio, mas logo eles dormiam e os dois permaneciam ali, juntos, ligados nos acontecimentos narrados pela emissora.

Não todas as noites, mas com intervalos de quinze a vinte dias, pelo menos uma vez, eles ouviam o rádio, mas inesperadamente, ouvia-se uma linda música tocada. Não era da época, em si, mas um som tão forte, um ruído suave, uma sintonia tão perfeita, que os dois pareciam estar flutuando na mesma direção. A porta se abria. Os cães não latiam e a sala era completamente iluminada. De pé, o casal recebia as pequenas criaturas e elas não mexiam com a boca, mas eles sentiam a conversa deles dentro da própria mente. As criaturas contavam dos acontecimentos, da saúde do casal, da saúde dos filhos e até do rebanho, prevendo os dias de chuva forte, do calendário para a colheita, enfim, diziam e previam tudo o que aconteceria no futuro para o casal.

O tempo foi passando. Em um dia, as criaturas chegaram e levaram o marido e os dois filhos para sempre. Diziam que não a levariam porque ela não poderia ir. O marido e os filhos eram propriedades deles e ela estaria perto do esposo e dos filhos todas as vezes que cantava e lembrava daquela música.

Dona Maria permaneceu cantando a mesma música sempre, desde daquela época até os dias de hoje. Sempre a mesma música e sempre prevê o futuro.

Cartas de amor

São pequenas linhas,

Talvez sejam minhas.

Pequenas cartas de amor

Que o tempo não apagou.

Meio amarrotadas,

Mal escritas, borradas à caneta,

Diziam o sentimento à amada.

Ficaria ela calada.

Admirada...

Não sabia que eram escritas,

Nem mesmo sabia quem era o admirador.

Trêmulo, quando a via,

Lembrando-me que ela descobriria

Os pequenos versos de amor.

"Querida, como gostaria de ser o teu amado,

Mergulhar no mar de teu amor.

Lambuzar os lábios, nos teus beijos,

Ficar apertado em teus braços".

Velhas e amarrotadas cartas,

Que a ela não chegaram.

Revendo, hoje, com o passar do tempo,

Lembrei-me do amor,

Nascido com um pequeno sorriso,

Mas ela não sabia.

Entristecido, no canto, eu a admirava.

Mas todo o amor passou,

No último dia de escola.

Para mim, ela me disse:

Vou-me casar com o fulano.

A despedida

Ainda é sol do meio dia,

No alto da colina.

Uma pequena multidão espera aflita.

Não é briga, nem mesmo sinal de guerra.

Uns olham para os outros.

O namorado abraça a namorada,

Um beijo longo, meio desnorteado.

A noiva enxuga a lágrima no rosto do noivo.

Somente poderá vê-lo na próxima festa.

A criança corre de um lado para o outro.

O calor insuportável reflete no telhado,

Mostrando sua força e sem compaixão.

Alguns bebem água na garrafinha,

Outros se deliciam com um picolé.

Olha, ele está chegando!

É novo, são as primeiras viagens.

Aos poucos o ônibus vai estacionando.

Não desce ninguém, somente sobe.

O namorado se despede da namorada,

Com um beijo bem gostoso.

A noiva chora ao ver o amado partir.

A criança quer ser a primeira a entrar.

Chora ao ser reprendida pela mãe.

Malas são guardadas pelo motorista.

Está atrasado, lá do outro lado da estrada, tem mais

Um namorado que despede da namorada,

Uma criança que corre por todos os lados,

O noivo, a noiva, o esposo, a esposa,

O trabalhador com as ferramentas na mão.

O dia vai passando, a hora vai correndo.

Todos os dias, nas mesmas horas, enfim uma despedida.

Queria dizer

Não tenho as lindas e magníficas palavras,

Nem mesmo o dom de expressar o gracioso verso,

Tão pouco sei escrever uma estonteante frase.

Se leio alguma frase, tremo-me do início ao fim.

Cantar, não tenho o dom da música,

Custo juntar as notas musicais.

Dizer-lhe algo telepaticamente seria impossível.

Não domino a Física o bastante.

Olho nos lindos olhos verdes

Esbanjando os pampas de cores

Piscando e chamando para dizer alguma coisa.

A voz trêmula e faltando algumas palavras.

Irreal exprimir uma singela frase,

Que poderá transformar definitivamente o sonho em realidade,

Que dirá por si o maior dos sentimentos,

Das alegrias e das aventuras, a mais bela.

Enfim, dizer o quanto sou objetivo, mas falta-me coragem

Para pronunciar a única e definitiva frase:

"Eu lhe amo".

Outono

Quando o vento começa a soprar do lado nascente,
Trazendo uma pequena sensação de frio.
Quando os pássaros cantam ao término da noite
Fazendo o pensamento entrar em paz.
Quando as chuvas parecem tempestades
Trazendo medo, correria e busca de abrigo.
Quando as folhas das árvores desprendem dos galhos,
Caindo pela calçada, nos bancos, no colo de quem está sentado.
Quando o organismo sente que a temperatura está caindo,
Mesmo estando no mesmo sol.
É a chegada do outono.
É a estação dos frutos e das frutas.
Recheada de sabores, de odores,
De pássaros bicando as primeiras amostras,
De moscas, de mariposas, de vários insetos
Lutando entre si por mais uma gotinha de suco.
É o outono mexendo com o coração
Do poeta que constrói os versos
Para o amante lê-los à amada.
Do agricultor que sonha em colher os frutos,
Da safra tão sofrida.
Do gado que olha desconfiado e visando os restos de milho
Deixados somente para eles.
Gaviões olhando lá do alto
Procurando um pequeno filhote em primeiro voo,
A juriti canta no fundo da grota.
As pequenas cigarrinhas entoam seu único canto,
De outono até a chegada do inverno.
É outono.

O carnaval e a dívida

Faltavam dois dias para a chegada do carnaval. Juliano, um sujeito muito honesto, funcionário público de carreira do município, estava preocupado e falou com a esposa:

- Edite, amanhã é o dia de quitar o cheque do Sr. João da Arapuca. Ele é muito rigoroso e bravo. Não gosta de atrasos. Porém, o pagamento do município ainda não saiu por causa do carnaval. O dia do crédito será na quinta-feira, após as festividades. Teremos que passar as festividades com os bolsos vazios.

- É mesmo, Juliano. O meu também não saiu. Será creditado logo após o carnaval. Ainda bem que deixei uma pequena reserva dentro da carteira. Poderemos comprar alguma coisa e comer algum churrasquinho da Barraca da Baiana.

- É verdade, mas se ele chegar, como vou dizer-lhe que o dinheiro não foi depositado. Ele vai gritar, xingar e me dizer um monte de besteira. Ele é um sujeito rude, muito apegado ao dinheiro. É muito rico e empresta a juros.

- Sim, mas ele terá que nos compreender.

Passou a quinta-feira e também a sexta-feira. O expediente de trabalho dos dois se encerrou e até as vinte horas da sexta-feira, o cobrador não apareceu para buscar o dinheiro. Para o casal, foi como acertar na loteria. Poderiam passar o carnaval sossegados e se divertirem com o pouco dinheiro da esposa guardado na bolsa.

No sábado de manhã, eles foram ao supermercado e fizeram as compras do mês. O pagamento foi realizado com o cartão de crédito. Foram até as casas dos pais de cada um e somente retornaram ao lar pelo anoitecer.

O tempo estava bastante fechado, pois uma forte chuva cairia na cidade, conforme dados do site Climatempo. Naquela noite, eles não sairiam e mandariam os dois filhos para a casa do tio de Edite, uma fazenda próxima da cidade. Eram apenas dez quilômetros de distância.

As crianças foram com a irmã de Edite, passando toda a festividade na fazenda.

- Esta casa está muito triste sem as crianças. Murmurava Juliano a todo momento.

- Elas não querem participar das festas. Elas gostam bem da roça. É melhor, porque poderão descansar mais e terão um bom rendimento nas aulas que estão iniciando. Será muito bom para elas, pois correrão, brincarão, andarão de cavalo e sem falar que minha tia gosta muito delas.

- É verdade. Saiu Juliano para o quintal e viu que um clarão forte brilhou no céu.

- Vai cair muita água.

- Vamos deitar e esperar para amanhã. Terá o desfile dos times de futebol da cidade com os jogadores vestidos de mulheres, bloco do rio, escola de samba e à noite, vamos comer o churrasquinho na barraca da Baiana.

Os dois foram dormir, mas a casa deles era próxima do local das festividades. O som mecânico muito alto, carros que passavam pela rua, pessoas gritando, rindo, chorando, enfim, o barulho foi tanto que mal conseguiram dormir. Somente o sono chegou quando praticamente o dia estava clareando. Dormiram e acordaram por volta do meio dia.

Meio sonolentos e abrindo aos poucos os olhos, ouviram a voz do Sr. João da Arapuca, gritando o nome deles e a seguinte expressão:

- Tem gente na casa?

- Aqui é o João. Eu vim buscar o dinheiro do cheque.

As duas frases eram repetidas várias vezes. O som delas era tão forte que zuniam nos ouvidos do casal.

- Edite, o homem veio buscar o dinheiro. E agora?

- Espere, Juliano. Eu tenho uma grande ideia.

- Espere, Juliano. Eu ouvi falar que ele não faz nenhum tipo de negócio com quem está embriagado. Quem me falou foi a mulher dele, há três semanas, lá no posto de saúde. Ele detesta gente tonto.

- Edite, você me deu uma grande ideia. Vamos fingir que estamos tontos. Porém eu não bebo e nunca bebi. Parece que é a mesma coisa consigo. Vamos mentir e quem sabe dará certo?

Rapidamente o casal se levantou. Trocou de roupa e nem mesmo se pentearam. Cada um pegou uma garrafa vazia de pet que continha refrigerante. Puseram um pouco de água. Pegaram cada um o copo e abriram a porta.

- Bom dia Senhores. Com um sorriso entre os dentes e cheio de raiva, Sr. João os saudava.

Juliano, carregando a garrafa na mão direita e de vez enquanto a levava à boca, foi logo respondendo ao credor com uma música de carnaval. Ele cantava e rastejava a voz fingindo estar totalmente embriagado:

- Ei, você aí, me dá um dinheiro aí...

Ele cantarolava muito bem e o teatro da embriaguez começava a surgir efeito.

Edite, por sua vez, saiu cantando, da mesma forma do esposo outra música:

- Um pierrô apaixonado, que vivia só cantando...

O casal fazia o teatro como se eles estivessem todos bêbados. Rastejavam a voz e cambaleavam, escorando na parede e no portão da casa. Juliano até caiu. Rindo e cantando, ela foi socorrê-lo e disse bem baixinho ao ouvido:

- Continue, ele está acreditando. Vamos, continue...

Juliano pareceu mudar completamente de personalidade. Ele conversava como se estivesse tonto. Ela fazia o mesmo.

João, muito assustado ao presenciar aquela cena, arregalou os olhos e foi se afastando do portão. O veículo dele estava estacionado do outro lado da rua. Então, ele se afastando, com medo, disse em voz alta:

- Sábado que vem, eu volto aí.

Quando o cobrador ligou o veículo e foi embora, o casal pulou de alegria e se divertiram. Fizeram mais uma cena de estarem totalmente tontos.

Eles aproveitaram o carnaval e saíram todos os dias. Comeram o churrasquinho da barraca da Baiana e se divertiram. Na quarta-feira de cinzas, foram à missa e na sexta-feira sacaram o dinheiro. Pediram para o afilhado do Sr. João levar o dinheiro e pegar o cheque de volta.

Quando

Quando a brisa sopra no rosto,

Quando existe um calor no corpo,

Quando o coração toca forte,

Quando a vontade de expressar o amor.

No ouvido sussurrar uma frase:

Eu te amo.

A vontade do beijo forte e meigo.

A emoção repercute dentro do corpo.

Um olhar se joga sobre as ondas do mar

Onde a alma flutua no pensamento.

Onde a dor ainda não mais existe.

É o desejo do amor,

É o desejo de estar junto à pessoa amada

Voar na imaginação, no apogeu

De amar, de ser amado.

Motorista lobisomem

João era um motorista que transportava alunos da zona rural da cidade para estudarem no município. Todos os dias de aula, de segunda à sexta-feira, lá ia ele, todo cheio de entusiasmo guiando o ônibus, que ponto a ponto entravam e desciam alunos, como era de costume.

No período da quaresma, um dos meninos lhe disse:

- Sr. João. É verdade que existe lobisomem e ele aparece no período da quaresma?

- Sim, Geovane. O lobisomem existe. Ele sempre aparece na quaresma. Conta-se que ele gosta muito de morder em meninos que não gostam de estudar, que faltam muito, que brigam com outros coleguinhas, que atrasam no ponto do ônibus e fazem hora no caminho.

- E mais. Ele é uma pessoa de cabelos grandes, quando ser humano. Quando ele se transforma em lobisomem, ele começa a tremer todo o corpo. Começa a cantar, franje a testa, bate palmas. Quando humano, ele é uma pessoa muito magra, de cabelos longos, usa óculos escuros e gosta muito de brincar com as crianças.

Bastante assustado, Geovane foi saindo devagar e muito aturdido, ele foi sentar no lugar, lá no fundo, contando para os outros que estavam ao lado.

Passaram-se os dias e logo veio o carnaval. A semana foi curta para os alunos. Muitos não foram às aulas e na semana seguinte seria a aplicação de provas nas escolas.

Uma, duas e na terceira semana, João adoeceu e não pode dirigir o ônibus na linha. O chefe de transporte escalou um dos outros motoristas. No primeiro dia foi o Manoel, mas não se adaptou com os alunos. Ele os xingava o tempo todo. Assim que terminou, disse ao encarregado que não voltaria mais. Pedro e Júlio foram os outros dias, porém não acertaram com as crianças e diziam que elas faziam muito barulho: gritavam, pulavam, dançavam e falavam nomes feios. Não restou ao encarregado em convocar o Miguel. Este, muito magro, de cabelos longos e loiros, usava óculos escuros, tinha o hábito de mexer com os ombros no tempo todo, de cantar quando dirigia e era muito comunicativo. Gostava de contar piadas e estórias para quem estivesse por perto.

Sabendo Miguel que a turminha era difícil de engolir, disse que daria conta do recado. Na semana seguinte, o João retornaria da licença saúde e tudo estaria resolvido.

Em uma sexta-feira, já de madrugada, pela primeira vez, Miguel ligou o ônibus e saiu à procura dos alunos. Ele percorreria cerca de cinquenta quilômetros entre os pontos e as zonas rurais para trazer os alunos para a escola, na cidade. O tempo ia passando. O sol ia saindo com muita vontade. Ele não ousou colar seus óculos de sol. Sentia-se à vontade. De um ponto a outro, Miguel parava e os alunos iam subindo gradativamente até chegar no ponto onde Geovane subiria.

- Bom dia, Sr. Motorista. Dizia alegre Geovane, porém sua alegria foi desmoronando quando reconheceu a figura sinistra que se sentava ao volante: Muito magro, balançava os ombros constantemente, de cabelos longos e loiros, usando óculos escuros, cantando e dançando, mesmo sentando, ouvindo uma música de rock.

Geovane olhou e nem respondeu ao cumprimento do motorista. Deu uma pequena corridinha até o final do corredor do ônibus. Sentou-se e disse em voz baixa aos que estavam perto dele:

- É aquele cara que o Sr. João disse que vira lobisomem. Ele tem as mesmas características. Se ele gritar e começar a rosnar, é sinal de que está virando lobisomem. Se vier para o nosso lado, teremos que dar uma surra nele com nossos materiais e mochilas. Está certo?

- Sim, concordaram todos os que estavam no ônibus.

Miguel ficou surpreso com o silêncio que reinava dentro do ônibus. Não tinha sequer um barulho. Todos estavam em silêncio profundo. Não dormiam, nem mesmo tiravam os olhos de quaisquer movimentos do motorista. Os olhos deles não se fechavam e estavam atentos a qualquer movimento dele.

Em uma determinada curva, o ônibus deu uma falhada no motor, chegando a quase parar.

Miguel enfureceu e começou a dizer, em voz alta:

- Que ônibus ruim. Está uma merda. Parece que o motor está fundindo.

Mesmo com raiva, Miguel xingava, falava nomes feios e cantava ao mesmo tempo. De tanta raiva, começava a rosnar e gritar.

Desceu para ver o motor do ônibus e ao mesmo tempo subiu, caminhando para o lado das crianças, bastante furioso, para dizer-lhes que o ônibus havia quebrado e não tinha jeito de seguirem a viagem.

Não deu outra. Assim que abriu a boca para falar, foi surpreendido com mochilas que voavam em sua direção, chutes das crianças, blusas, socos, enfim, foi atacado e não lhe restou outra alternativa a não ser sair correndo do ônibus. As crianças, em coro, diziam:

- Fora lobisomem, fora lobisomem. Você não vai morder na gente não.

- Algumas crianças desceram. Munidas de pedras, começaram a atirá-las sobre Miguel, que não viu outra alternativa a não ser correr e ouvir o coral das crianças, assim cantando:

- Fora bicho mau. Fora coisa ruim. Fora lobisomem.

Após correr por uma boa distância, Miguel encontra com o carro oficial da prefeitura, sendo dirigido pelo prefeito e a seu lado estava João, que voltava de carona da fazenda de seu irmão. Miguel contou-lhes o que aconteceu. Os mecânicos vieram consertar o ônibus e outro ônibus, já dirigido por João, prestou socorro aos alunos.

Miguel pediu para ser transferido para a função de motorista, mas no departamento de saúde e nunca mais disse e quis falar sobre o incidente com os alunos. Foi apelidado por: "Motorista Lobisomem".

Bata o pé

Para o cão que lhe ataca,

Para tirar o pó.

Cuidado para não machucar.

Se bater com força,

Arderá a sola.

Caso esteja de sapato,

Poderá ser com força.

Não bata na poça de água,

Vai espirrar quem estiver por perto.

Na grama, se pisar em fezes

Do cão que lhe atacou.

Bata o pé bem devagarinho.

Em casa de assoalho.

Cuidado para não quebrar a madeira,

Senão, cairá lá embaixo.

Bata o pé na dança.

Cuidado para não pisar em ninguém.

É normal bater o pé,

Porém, cuidado, Zé.

Nesta data, pude ser liberado para divulgar o resultado de uma pesquisa investigativa iniciada em 05 de fevereiro de 2012. Eis o trecho:

"– Era domingo. O forte calor do mês de janeiro fez com que eu e meu filho, de apenas oito anos, saíssemos para caminhar perto de nossa fazenda. Era por volta das nove horas da manhã e o sol estava bastante quente. Não havia nenhuma nuvem. O vento soprava suave fazendo balançar galhos de árvores que encontramos pelo caminho.

- Eu ia contando estórias para o filho, aquelas estórias de mãe para o filhinho. Lembro-lhe que contava a estorinha da Branca de Neve e os Sete Anões. Meu filho caminhava a meu lado, de olhos muito atentos e, de vez em quando, me fazia várias perguntas sobre a estorinha. O como, o por quê, o que fez. Assim por adiante.

- Paramos na sombra de uma árvore alta. Da mochilinha que eu carregava, tirei a garrafinha de água e dei a meu filho para que ele bebesse. Aproveitei e dei uma molhada na boca. A água estava geladinha e respirei um pouco aliviada. Aproveitamos a sombra e sentamos um pouco debaixo dela.

- Pássaros cantavam alegremente por volta. Lembro de ver um casal de sabiá e um João de barro, que bicava em uma poça de água, formada da chuva na noite anterior, tirando algumas bicadas de barro. Olhei para cima e vi que ele estava construindo sua casinha nesta árvore.

- Tudo parecia normal. Eu continuava a contar a estorinha e meu filho sempre me pausava dizendo de que forma eram os anões. Eu repetia da seguinte forma:

- Eles eram em número de sete. Eram pequenos, mediam de setenta a oitenta centímetros. Usavam chapéus de palha.

Alguns eram barbudos, mas tinham outros que eram bem barbeados.

- Eu sempre repetia como os anões eram, mas eu estava com a visão fixada no João de barro e no casal de sabiá. Com uma varinha, escrevia algo no chão. Tentava explicar, na forma de desenho, como eram os anões para meu filho. Por quatro ou cinco vezes, eu os descrevia para o menino. Ele, porém, estava sempre me perguntando, fazendo com que já estivesse quase perdendo a paciência. Então ele me disse:

- Mamãe, os sete anões são iguais àqueles que estão logo ali, dentro de um balão, de uma bacia branca toda iluminada que dói a minha vista? Olhe para cima, olhe?

- Imediatamente eu olhei na direção indicada pelo menino. Quando as informações chegaram a meu cérebro, minha vida modificou para sempre.

- Vi três seres, que se vestiam totalmente de branco. Tinham um capacete branco na testa. Mediam entre um metro e oitenta a dois metros de altura. Não foi possível dizer a altura correta, mas pela distância, as medidas eram estas.

- Eles pareciam recolher algumas amostras de terras. Com um dispositivo azul, via-se que punhados de terras, pedaços de folhas, amostras de água de um bebedouro próximo, eram recolhidos. Eles não andavam, mas os movimentos deles pareciam que flutuavam no ar. Eles se comunicavam com um som estranho, do tipo de um silvo muito fino e arrepiante a meus ouvidos. Os movimentos deles eram muito rápidos. Nada chegava perto deles, nem mesmo um garrote bravo, que corria e dava chifradas nas pessoas, se atrevia chegar até eles. O garrote ficava parado, olhando para eles e nem o rabo abanava.

- Foi um horror!

- Eu abracei ao meu filho. Pedi para ele não olhar e tentamos levantar para irmos correndo para a casa e contar a meu marido, que trabalhava junto a dois empregados no trato das vacas. Nós não tivemos forças suficientes. Eu tinha medo que os seres nos vissem e chegassem até nós. Foram cinco minutos de terror. Eles não se aproximaram, mas emitiram uma luz de cor verde em nossa direção. Ela fazia cócegas em nós. Passamos a rir muito, mas a nossa voz não saia. Os três pássaros, que eu observava, não voaram e ficaram ali parados. Penso que a mesma luz disparada até nós os atingiu também.

- Vimos todos os movimentos deles. Parecia que o do meio era o comandante e direcionava uma espécie de robô, que recolhia rapidamente tudo que encontrava pela frente.

- De repente, as luzes se apagaram e a cápsula, em forma de bacia, se disparou para cima a uma grande velocidade.

- Passaram-se alguns minutos e de forças refeitas, os pássaros voaram, o garrote caminhou para o nosso lado e fomos correndo para casa.

- Lá chegamos e contamos para o meu marido, o qual aconselhou a lhe procurar para descrever o que aconteceu".

Eu, José Carlos, assim que fui procurado, fui até o local da descrição. Encontrei o capim amaçado e sinais de queimadura no local. Alguns galhos de árvores próximos do local estavam quebrados com alguma coisa que os cortou bem cortados. O João de barro não terminou de fazer a casinha e nem mesmo vi o casal de sabiá. Não sei o que de fato ocorreu, mas o menino não quer saber nunca de estórias da branca de neve e dos sete anões. A mãe da criança sempre se queixa de dores de cabeça e evita andar na direção do local onde foi visto um possível UFO. O garrote cresceu e virou boi, mas evita andar naquela direção.

Dona Maria

Nas noites quentes de verão, Dona Maria munia-se de uma velha cadeira bem alta e pesada. Calçava um chinelo de dedo de cor amarela. Vestia-se um vestido abaixo dos joelhos, de cor clara e um pouco fino. Uma blusa curta, meio decotada. Desenrolava os cabelos, que sempre estavam presos, e se sentava acima do passeio da calçada de sua linda e humilde casa. Ela era viúva e possuía cinco filhos. Todos eles eram casados e dispunham de suas próprias residências. Os genros e noras tinham vasto carinho por ela. Jamais a contrariavam e sempre detinham algum tempo para estar consigo. Era uma verdadeira festa quando a família se reunia.

Em uma das noites quentes, Dona Maria estava muito aborrecida, porque a casa onde morava precisava de reparos e ela teria que fazer a mudança para outro imóvel. Estava muito contrariada e apesar do stress, ela não estava feliz e sempre resmungava:

- Vida maldita é esta. Sempre preciso mudar para outro lugar. O tempo está passando e talvez seja a mudança de número quinze, em todos estes anos de vida.

- Quando nasci, meus pais mudaram para outra cidade e foram trabalhar na fazenda do Dr. Márcio.

- Quando tinha oito anos de idade, mudamos novamente para outro lugar e mudamos de estado. Fomos morar no Estado do Paraná.

- Nem um ano se passou, nós, novamente, voltamos para a cidade.

- Comecei a estudar e mais uma vez tive de interromper os estudos: Mais uma mudança.

- Casei e pensei que ficaria na casa eternamente, mas tivemos que vender nossa casa, porque surgiu oportunidade de emprego para o marido e fomos novamente para o Paraná.

- Menos de um ano, voltamos novamente e sempre iniciamos novamente a peleja da mudança.

- Foi sempre assim e será eternamente. Sempre vou mudar e quando terminar tudo isso será que vou mudar do céu para o inferno e vice-versa? Perguntando a si mesma, Dona Maria ficava uma arara de raiva e dizia que teria de dar um fim na história. Jamais mudaria.

O tempo foi passando e no período em curso, ela ainda mudou umas quatro vezes. Sempre era da mesma forma. Mudava de casa e ficava brava. Não conversava com os filhos, ficando triste e deprimida. Nem mesmo olhava para o neto predileto, mas com o passar do tempo tudo se ajeitava e ela voltava à vida normal.

O tempo foi passando e Dona Maria já não era mais a mesma pessoa. Um dia queixava-se de dores na cabeça, no outro dia, dores nas pernas e assim por adiante. A idade ia avançando e sempre dizia que sofria de alguma coisa. Dores nas costas, fadiga nos músculos. Constantemente ia ao médico e várias fórmulas de remédios eram passadas para ela, que no piscar de olhos ela as tomava.

Um dia, pela manhã, Dona Maria não se levantou. Os vizinhos ficaram preocupados por seu atraso. Ela era a primeira pessoa a se levantar nas primeiras horas do dia e abrir a janela. Resmungava algo e fazia as orações em voz alta, pedindo a bênção para os amigos e vizinhos. Foram olhar e por surpresa, ela estava sucumbida na cama, abraçada a um terço que rezava todas as noites e nas manhãs. Os filhos foram avisados e muita emoção aconteceu no velório. Praticamente, toda a cidade compareceu ao sepultamento: as amigas, os filhos, os netos, os familiares de outras cidades, os vizinhos antigos e até um ônibus foi fretado para buscar alguns parentes na cidade vizinha.

Dona Maria foi enterrada em uma cova, logo na entrada do cemitério. Passaram alguns meses, a filha, por nome de Nilmara, negociou um túmulo que se localizava no final da necrópole. Foi um dia de emoção, pois os restos mortais de Dona Maria eram transladados para o novo túmulo, mais uma vez mudando de lugar como se estivesse mudando de residência, novamente.

Passaram alguns meses e uma demanda judicial fez com que o juiz proferisse a sentença dando ganho de causa aos herdeiros do túmulo, onde os restos mortais dela repousavam. Novamente, Dona Maria foi mudada para um depósito de ossos, esperando a compra de outro túmulo por parte dos familiares. Mais uma vez, Dona Maria mudava de local, como se estivesse mudando de residência.

Dois meses depois, Nilmara consegue comprar o túmulo novo e Dona Maria vai novamente: outra mudança.

O servidor que negociou o túmulo com Nilmara, meio desapontado, foi à residência e falou que tinha vendido o túmulo errado e marcou para a próxima segunda-feira outra mudança. Mais uma vez Dona Maria se mudou.

Passou o tempo e o chefe do Cartório local descobriu um testamento de Dona Maria desejando ser enterrada na cidade próxima. Mais uma vez, os restos mortais de Dona Maria foram mudados para o cemitério da cidade vizinha. Eles foram para uma cova, depois para o depósito de ossos até encontrar um mausoléu. Familiares prepararam uma nova disputa judicial, caso houvesse.

Após o tempo, Dona Maria ficou na morada eterna por muito tempo, porém, houve uma chuva muito forte na cidade e o túmulo, onde se encontrava, foi destruído, fazendo com que Dona Maria fosse, novamente, levada para o depósito de ossos, onde aguardaria a família providenciar outro.

Se Dona Maria, depois de morta, pudesse falar, garantiria que ela estaria mais irritada ainda. Em vida, mudava-se muito de local e ainda não teve sossego depois de morta.

Hoje você não me escapa

Estou aqui, pronto, a cada momento,
Para olhar para você.
Está muito longe,
Talvez milhares de quilômetros.
Meu olhar é totalmente direcionado até você.
Não adianta esconder de mim.
Todas as noites vou a seu encontro.
Não me conhece e nem mesmo dá uma oportunidade a mim.
Vejo-lhe todos os dias quando aparece.
Quando estou dirigindo, reconheço-lhe ao longe.
Nas noites frias e quentes, você está ali.
Não fala comigo, nem mesmo um pequeno aceno me dá.
Fica completamente parada, imóvel, somente me olha.
Não tem voz para me dizer nada.
Somente eu fico alucinado com sua beleza.
Quando está perto, é cheia.
Quando está longe, é minguante.
Quando desaparece e reaparece novamente, é crescente.
A cada mês se mostra nova.
Agora eu lhe observo na varanda.
Está crescendo aos poucos.
Amanhã, estará um pouco maior,
Para ficar cheia, linda e bela, minha lua cheia.

Com licença

Hoje é um dia muito especial, tanto para você quanto para mim. Não lhe conheço e nem mesmo sei onde você mora. Não sei qual é o estado civil, nem mesmo qual a idade. Será que é de cor clara ou de cor morena? Jamais pensei se possui um automóvel do ano, de marca, se veste roupas de marca ou se reside em palácios ou humildes casebres. Poderá ser de pouca idade ou de idade amena. Não sei, nem mesmo sei do estilo de vida.

Ontem eu lhe vi caminhando pelo jardim da igreja. Vi que se vestia bem. Estava acompanhada do namorado ou marido. Passei perto e nem sequer me reconheceu. Tentei lhe dizer um bom dia, porém fingiu não escutar. São as coisas do destino, porém compreendo perfeitamente.

Com um pouco mais de intimidade, vi com se vestia. Tive a oportunidade de entrar no quarto e ver como se veste bem. Hoje, vi quando se vestiu uma linda calça jeans, calçou meias finas e um lindo par de sapatos. Estava, portanto, desejosa para vestir aquela blusa decotada, de cor vermelha. Talvez um corpete da cor da pele, que combinará com a roupa. Vi, também, quando o esposo ou o namorado se vestiu. Não vou relatar, mas da mesma maneira em que ele veste, você saberá melhor dizer.

Talvez eu seja invisível, mas presenciei o banho, o lindo abraço do casal, a carícia dos filhos, a mesa farta de alimentos, enfim, pude entrar por completo em sua vida e jamais olhou para meu lado. Fiz até algumas carícias no rosto. Somente não lhe acordei do sono profundo para não lhe perturbar e nem mesmo detalharei a vida íntima do casal.

Peguei carona e tentei dirigir o lindo ou o velho automóvel. Não pude, porque estava com a habilitação vencida. Fiz o guarda de trânsito lhe parar e fazer-lhe uma multa. Você ia dizer nome feio, porém não deixei.

Fui ao supermercado, fiz compras, dei palpite de alimentos e até um pedaço da pizza eu cheguei a comer. Sem autorização.

Talvez pensa quem sou eu. Não me conhece e nem mesmo consegue ouvir a minha voz. Sou mudo para você. O seu mundo é meu. Eu é que lhe dou as coordenadas da vida. Faço você molhar de amor nas espumas do sabão, faço com que fique doente e tenha a cura por meio de um médico recém-formado, enfim, sou a sua razão de viver.

Não quero lhe trair, mas poderei fazer você trair o seu marido e também fazer com que ele lhe traia. Posso fazer de tudo, porque jamais me conhecerá, nem mesmo ficará sabendo quem eu sou.

Um espião discreto. Não tenho aparelhos modernos para executar minha espionagem. Vejo-lhe e seu marido de qualquer lado. Sou o guarda costa dos momentos. Faço o que quero e vocês jamais sabem.

Então, com mais segurança, vou-me apresentar nesta linda noite. Exijo que faça um jantar à luz de velas. Vistam o casal e filhos com as mais lindas e belas roupas. Preparem o melhor de todos os jantares. Chegarei às vinte horas. Não sei atrasar, mas preciso de muita energia elétrica para uma boa iluminação. Vou levar uma caneta, algumas folhas, um lápis, um pequeno dicionário e também uma borracha. Levarei Machado de Assis. Ele poderá e me dará alguma ideia de que maneira apresentarei, talvez desta forma:

- Ao cair da tarde, em uma linda casa rodeada de flores, rosas, lírios, margaridas. Um chafariz escorrendo uma pequena bica de água bem brilhante, irradiando felicidade. Não deu certo, o Machado de Assis não funcionou. Está difícil. Não sei se levo "Malba Tahan, José de Alencar, Monteiro Lobato, a Cecília" para declamar lindos poemas, não sei. Estou com vergonha e não gosto de me apresentar.

Não funcionou e nem mesmo sei como me apresentar. Vou cancelar tudo e voltar à estaca zero. Talvez vocês nunca poderão me conhecer. Com licença, vou entrar mais uma vez na vida de vocês. Vou deletar tudo e a pouco tempo vocês não mais existirão. Sou, antes de me apresentar, os seus criadores. Sou o escritor que dá vida aos personagens. Que os vê ali, que faz o que quiser. Então, com muita licença, porque a qualquer momento entrarei novamente em suas vidas.

Aquela menina

Era tarde de domingo
À beira da praia,
Com um biquíni vermelho,
Cabelos longos, até à cintura.
Desfilava, passo por passo,
Pisando firme, na areia branca,
Parecia uma manta.
Sorriso belo, mostrando os pequenos dentes,
Com aparelho de cor cinzenta,
Olhando para cima, ao lado esquerdo,
Querendo olhar e ver a onda quebrar
Em seus lindos e graciosos pés.
Um salto para frente,
Dois para trás,
Olha a onda pequena e lá vem a onda grande.
No vai e vem das ondas,
O sol brilhava escaldante.
Um passo adentrando no mar,
Um pulo, mais dois passos,
Aos poucos estava em alto mar,
Nadava, pulava, gritava,
É verão,
É emoção,
Meu lindo mar,
Aqui está a sua menina.

A chegada do verão

Cleide caminhava pela velha calçada. Ao atravessar a rua que separava a calçada e adentraria no jardim municipal, sentiu-se algo estranho. Alguma coisa mexia no consciente e a preparava para qualquer coisa que lhe viesse no caminho.

A brisa soprava suavemente e ela pode sentir levemente o vento no rosto. O sol estava muito quente, pois era a transição da estação de primavera para o verão, ou seja, era a proximidade do interstício. Poderia ser o momento exato ou quem sabe o minuto faltoso para aquele momento tão esperado. Pequenas gotas de suor escorriam de seu rosto e se misturavam à maquiagem fina, feita há poucos instantes. O reflexo solar criava uma linda imagem entre a testa e os olhos. Um matemático poderia traçar uma figura geométrica diferente das conhecidas.

A frequência cardíaca era ligeiramente alterada a cada passo quando se adentrava no velho e florido jardim municipal da cidade. Os bancos estavam expostos à luz solar e poucas sombras podiam ser vistas. Era mais ou menos meio dia e pela posição do sol, as sombras estavam mais concentradas a noventa graus dos troncos das árvores.

Uma lépida parada brusca sobre o pequeno passeio que se dividia a um canteiro de gramas verdes, tendo no centro um tufo de rosas vermelhas e amarelas, uma pequena estradinha partindo das flores, em linha reta, passando sobre a grama e indo finalizar a poucos metros daquele local, várias formigas levavam pedaços de folhas, pedaços de caules e até mesmo um pedacinho de pão que alguém ali perto comeu.

Cleide não se conteve e logo se viu parada e ofuscada pela beleza da natureza naquele momento. O suor corria mais forte no delicado rostinho, um rostinho de menina que se despertava para vida. Entre sonhos, entre perspectiva de amores, de namoro, de sentir que ainda não poderia ficar criança para sempre. O coração batia mais forte, tornando a respiração um pouco difícil. Não se conteve e abaixou um pequeno instante.

Consigo mesma, ela pensava como a natureza era linda. Porque aquelas pequenas formigas, que não tinham filhos, não tinham maridos, não tinham dinheiro, não tinham sonhos e ali estavam alegremente concentradas no trabalho. Para ela, naquele momento, o tempo ficou estagnado de uma forma completamente diferente daquilo que ela pensava. Era o seu dia de sorte, de ver um bocado de algo que ela ainda não tinha percebido. Sorrindo, com aquele riso de princesa, abaixou-se e fixando os olhos naquela corrida labutaria das formigas, pensou calmamente de que maneira é viver. Uma pequena pergunta soava em seu pensamento: Porque o ser humano corre, porque o ser humano é tão preso às coisas mundanas e deixa de observar uma fração da natureza. Sorrindo, com algumas gotas de suor escorrendo naquele rostinho angelical, respirou e disse em voz baixinha:

- Parabéns, minhas amigas. Vocês estão fazendo a coisa certa. Cortam as folhas, carregam para a toca e partilham entre si. Porém, vem o ser, que se auto denomina humano, coloca veneno dentro de suas tocas e as matam. Comentam uns aos outros que faz parte da natureza. Que falta de observação. Vocês fazem parte da natureza e são filhas de Deus.

Erguendo os olhos para o alto, na ponta do galho da pequena árvore, a qual fazia uma pequena sombra, Cleide viu um pássaro, todo amarelinho, acompanhado de sua companheira, também toda amarelinha. Os dois cantavam uma linda canção. Deveriam comunicar com as lindas e afinadas notas musicais. Estavam felizes. Deveriam ter feito amor no dia. Era uma pequena família que se iniciava ou já havia iniciado. O canto deles era tão lindo e poderia ser acompanhado por uma sinfonia de pessoas. Seria, talvez, o canto da paz, uma paz interna para nenhum ser humano questionar.

Já o sol queimando parte de sua pele e o rostinho angelical perdendo parte da maquiagem pelo aumento das gotas de suor, Cleide vagorosamente se levanta. Para alcançar a força necessária para estar de pé, apoiou uma de suas mãos sobre o chão. A força inercial foi tanta, que a palma da mão ficou amassadinha e com sinais de algumas pedrinhas que se encontravam na calçada. Levantou-se e pensou como o corpo humano é ainda frágil perante à natureza. Cleide não era gordinha. Tinha um corpinho esbelto e mesmo assim a mão ficou cheia de marcas demonstrando a incapacidade do ser homem perante a natureza. Ao se levantar, após ter olhado para a mão que se refazia rapidamente, assustou-se porque o casal de canários levemente voou e não permaneceu ali. Sorriu rapidamente e exclamou:

- Eles foram amar loucamente.

Reerguendo rapidamente e dando quatro passos, ela distraiu a atenção com um voejo de uma linda borboleta sobrevoando as rosas, meio castigadas pela chuva da noite anterior, mas ainda viçosas e esperançosas para serem admiradas. Mais uma vez exclamou, mas gritou em voz alta para que todos que ali estivessem a escutá-la fortemente:

- A natureza é linda e feliz são seus seguidores. Vejam como a linda e amável borboleta, de cor azul, de tamanho grande, faz um rasante sobre as flores, estas lindas rosas, e prossegue a jornada. Não tirou nada delas, nem mesmo uma gotinha de pólen das flores...

Com o rosto bastante vermelho pelo sol, as marcas do suor escorrendo pelo rosto indo terminar na cavidade dos seios, Cleide respirou fundo. Olhou para cima, viu a fortaleza do sol, viu nuvens se formando como água jorrando de uma mina. Alguns andorinhões sobrevoando em círculo e escutou, também, cantos de outros pássaros. Uma forte sombra cobria a todos que ali estavam. As formigas já se retiravam para a toca. Alguns pássaros cantavam e sobrevoavam para outros locais. O vento começava a soprar forte. A paz foi interrompida com a queda de algumas gotas de água. Era a forte chuva que ameaçava tudo que ali estava.

De braços abertos, na ponta dos pés, como se estivesse preparando para executar a dança do famoso balé, Cleide pôs-se a girar em seu próprio eixo. As gotas de água foram caindo e imediatamente encharcou as roupas. Os cabelos molhados criavam ondas sensuais e mais ainda corriam sobre os pequenos seios ainda em formação. O vento soprava um pouco forte e cantando uma canção tão linda, Cleide dançava ao som da chuva forte. Assim, iniciava a chegada do verão.

João sem o braço

Quem não se lembra do João sem o braço
Muito meigo, muito amoroso, queria dar um abraço.
Em quem, ele pensava.
Como tocar uma pessoa, se não tem o braço.
Um só pedacinho
E dizer meu benzinho.
Tudo ok, tudo bom, não sou o mané
Mas quero lhe fazer um cafuné.
Queria ser um garanhão
Para ser chamado de "gavião".
O tempo passou
João aprendeu
Ser somente ele, sem o braço.
Pensou: de tudo eu faço.
Sou perfeito, sou humano
Talvez no próximo ano
Serei feliz,
Tenho bom o nariz.
Sou eu, o João sem o braço
Fico vendo de meu terraço
A vida, a estrada e tudo de bom.

O piano fantasma

Ricardo é um magnânimo professor universitário aposentado. Apesar de sua idade meio avançada, ele gosta de deliciar-se compondo e tocando suas músicas ao velho e amigo piano da fazenda dos pais, já falecidos. Casou-se duas vezes, mas vieram as duas separações e nenhum dos dois casamentos teve filhos. Por incrível que pareça, as duas descasadas morreram depois de um ano após as separações. Um pouco deprimido, retornou para a fazenda dos pais e jamais voltou à Capital. Ia somente para resolver questões burocráticas no departamento pessoal da universidade onde lecionava.

A fazenda era muito feia. Muito matagal a cercava e pouco se via o quintal. Uma casa muito antiga, mas preservada e tombada pelo patrimônio cultural da cidade, a fazia um cartão postal. No município, todos comentavam sobre o velho casarão e alguns diziam que lá era muito estranho. As janelas ficavam sempre fechadas e pouco se via o que estava dentro da casa. Somente os dois empregados da casa, um caseiro e uma faxineira, eram as pessoas que conheciam completamente aquele lugar. Diziam eles que até mesmo as moscas e mosquitos tinham medo daquele lugar.

Ricardo tocava a vida como podia. Escolheu um quarto, perto da sala, e lá se acomodou. Em uma cama de solteiro, com roupas limpas e cobertas chinesas, ele passava a noite. Nas quatro paredes do quarto grande, ele montou as prateleiras e colocou todos os livros que possuía. Eram muitos. Várias coleções, obras importadas, jornais antigos, coleções modernas, livros de sua própria autoria, enfim uma biblioteca de dar inveja a quem ali passasse. Uma escrivaninha antiga, mas adaptada para a era moderna e vários pontos de locais de internet. Antena de aparelho celular, telefone via satélite, enfim um apetrecho de aparelhos modernos para a vida que ele levava ali. Vivia sozinho e de vez em quando as duas irmãs vinham passar alguns dias ali. Ele não gostava muito, mas a fazenda pertencia à família e sempre ele tinha que suportar a presença dos cunhados, sobrinhos, sobrinhas e também os convidados trazidos por eles. Para ele, era um grande dilema, pois não conseguia ler as obras, estudar e fazer suas composições musicais.

Era tempo de festas na cidade e, como sempre, vieram dois ônibus de pessoas convidadas pelas irmãs para as festividades. Era a maior decepção para Ricardo. Lá se iam o precioso sossego, a privacidade e outras mordomias.

Além de ser muito inteligente, sábio, escritor, músico, místico e maçom, Ricardo não gostava de cortar o cabelo e nem fazer a barba. Sempre que o viam, raramente, ele estava de cabelos grandes e barbas enormes. Usava óculos, calças sociais, camisas de manga curta e não calçava sapatos. Sempre estava com sandálias e não gostava de calças jeans. Vivia muito fechado e saia pela manhã para caminhar, tomar leite no curral, almoçar e fazer um pequeno passeio em volta da fazenda, após o jantar.

No dia esperado, chegaram os convidados e muita algazarra foi feita na fazenda. Como sempre, Ricardo somente deu as caras após o jantar. Caminhando em torno da fazenda, após o jantar, ele pode encontrar com alguns convidados e foi muito enfático dizendo que eles faziam muito barulho e que poderia acordar os espíritos dos antigos moradores dali, já falecidos. Seria muito inconveniente perturbar aquelas pobres almas que ali passaram os últimos dias da vida terrestre. Elas poderiam voltar e dariam um basta naquela algazarra toda.

Com o jeito que Ricardo falou, alguns não acreditaram naquelas palavras, mas, em algum caso, outras pessoas ficaram atentas àquelas palavras e os corpos arrepiaram. Uma casa feia, no lugar mais feio ainda, tombada pelo patrimônio cultural, assustava.

Dois dias se passaram e nada de Ricardo aparecer para conversar com os hóspedes. Ficava trancado no quarto e pedia que os empregados levassem as refeições para seu quarto.

No quinto dia, formou-se uma grande tempestade. Raios, trovões, muito barulho e faltou energia elétrica na casa. O silêncio foi total, mas alguns nem perceberam e o piano começou a tocar lindas melodias. Ficaram todos no verdadeiro silêncio e no escuro, o piano tocava sozinho e tocou por um bom período. Quando a energia elétrica deu sinal de retorno, simplesmente o piano não tocou mais. Estava totalmente silencioso, como se ninguém nunca ali estivesse e totalmente tampado, até mesmo com algumas teias de aranha.

Quando amanheceu, as irmãs foram queixar com Ricardo sobre o toque do piano. Ricardo, porém, não deu a mínima importância pela reclamação e simplesmente disse que duas ou três vezes por semana, o piano tocava sozinho, sem ter ninguém para tocá-lo. Ele mesmo disse que não sabia tocar piano e somente compunha as músicas em um violão velho.

Nos dias subsequentes, por volta da meia noite até a uma hora da manhã, belas canções eram tocadas naquele piano velho, fazendo com que os visitantes tremessem de medo e se acalmassem na orgia das noites.

Ricardo, sempre pela manhã, dizia que os antigos moradores não gostavam das perturbações e da próxima vez iriam fazer uma visita a todos.

Chegou o dia da partida dos visitantes e sempre o piano tocava toda a noite.

Abismo

Onde anda o homem
Que não reconhece seu semelhante.
Na calçada é um animal
Trata todos com o mal.
Nem mesmo diz um oi
Quando percebe já se foi.
Não reconhece o ego
Para tudo continua cego.
Sem amor ao próximo
Acha isto ótimo.
Sabe dizer sim
Na atividade é o fim.
Não sorri, nem mesmo olha ao alto
Pensa que está no salto.
Finge ser sábio,
Diz-se conhecer a fio,
Nem mesmo conhece si próprio.
Às vezes parte para o ópio
Que abismo que se encontra
Quer a vida pronta...
Pobre homem de bem
A cada dia se procura quem
O diga ser o grande
Ser a mais alta pirâmide.
Assim caminha...

Vida louca

O que fazer com a vida louca

Querendo ver uma poupa

De laranja, ainda amaçada,

Acima da calçada

Correndo por todo o lado

Muito apressado

Não pensando em nada

Somente na parada

Do ônibus que chega

Trazendo passageiros

Um pouco asneiros,

Turistas,

Correndo pelas pistas

De bicicletas

Vermelhas, pretas,

Enfim, vida louca...

Hoje, quando entrei na Igreja, uma curiosidade veio à tona, pois, ali, um pouco mais à frente de mim, pude ver uma criança, de mais ou menos cinco anos, junto à mãe, fazendo a seguinte oração:

- Querido Papai do Céu.

- Hoje sou muito pequeno. Não tenho estudos, ainda estou frequentando o jardim da infância. Quando crescer, quero ser engenheiro e assim faço a minha oração para o ano de 2019:

- Primeiramente, quero agradecer-lhe por dar-me vida a mim, a papai e a mamãe.

- Agradeço porque em 2018, papai e mamãe conseguiram ter um emprego. Compraram as coisas para a casa, minha caminha tão bonita, alguns brinquedos, não foram muitos porque eles me disseram que importante viver bem com o pouco que se tem.

- Em 2018, não faltou nada na mesa de minha casa. Tinha comida, doce, bala, carninha de frango e macarronada. Comemos muitas frutas e fomos até à casa da Mãe Aparecida.

- Papai comprou a nossa casinha e foi financiada pela Caixa Econômica.

- No ano que se acaba, a poucas horas, nós não fomos muito ao hospital e nem mesmo ao médico, porque o Senhor nos deu muita saúde.

- O nosso lar é humilde, mas é de muita paz. Papai e mamãe não brigam, conversam muito e vivem do novo emprego que conseguiram. Eu estudo e vou para a creche.

- Papai Noel deixou alguns presentes para mim, para minhas avós e meus avôs.

- Então, neste momento, quero agradecer-lhe porque o ano de 2018 foi ótimo.

- Peço, Papai do Céu, que abençoe a todos da minha família. Peço que olhe para todas as criancinhas do país, para que os homens não matam, não morram, não usem álcool e drogas, que se respeitem uns aos outros.

- Obrigado, Papai do Céu, pelo ano de 2018 e peço que 2019 o Senhor não abandone a ninguém.

Desta forma, um lindo e abençoado ano de 2019 a todos.

Traição

Era noite quente do mês de novembro. O sol estava brilhando muito forte durante o dia e à noite, uma leve brisa soprava fazendo com que a temperatura baixasse dos trinta graus para uns vinte e poucos graus. Ainda com os resquícios do forte calor, a meninada brincava pela rua, uns brincavam de pique pega, outros de rouba bandeira, outros de futebol de rua e outros tipos.

Um pouco afastada daquele local, encontrava-se a jovem Rita. Muito bonita, com os cabelos longos até a altura da cintura, fazendo um certo funil entre as costas e uns cinco dedos da cintura. Cabelos bem pretos. Rosto magro e uma pequena pinta no rosto. Os olhos eram verdes, muito semelhantes à cor de limão, bem claros. Os dentes eram muito brancos, iguais aos cristais de gelos polares, parecidos também com os pelos de ursos polares, aqueles encontrados na mais extrema neve. Os seios pequenos e muito empinados. O nariz pequeno, meio pontudo e se arremessando para cima. As sobrancelhas estavam trabalhadas e um pouco cerradas faziam do rosto um dos mais lindos. A pele era lisa e puxava para um tom moreno. O corpo muito esbelto e bem traçado, tornava-a uma jovem muito atraente e sex.

Com todas as dádivas que a natureza lhe deu, era triste e somente saia de casa para trabalhar no escritório de advocacia de seu pai. Não tinha muitos amigos, a não ser alguns colegas de infância, de poucas colegas do colégio e um pequeno número limitado de companheiras do curso de Direito da faculdade. Muito modesta, ainda aguardava o estado de luto pela morte do namorado, em um trágico acidente há três anos. Viviam juntos e tinham planos de casamento ao término do curso da faculdade. Ele era piloto de avião em uma companhia de taxi aéreo e se acidentou quando um forte vento de cauda descontrolou a aeronave, fazendo com que ela girasse para cima e arremetesse fortemente para baixo, trazendo consequentemente uma pequena chama que se alastrou imediatamente, consumindo tudo o que ali estava. Foi uma grande tristeza por parte das famílias e Rita jurou que nunca mais namoraria com ninguém, nem mesmo se aparecesse o príncipe encantado, ela o recusaria.

O tempo foi passando e Rita se via jururu a cada dia. A rotina era trabalho, faculdade, casa e ir à missa, aos domingos. Não mais saia para nada. Nem mesmo atendia aos telefonemas de algum interessado. Continuou morando sozinha na casa e de vez em quando, nos finais de semana, vestia-se o short, a blusinha, calçava o tênis e gostava de caminhar em volta do parque, rodeado de árvores e muitas flores. Colocava-se um fone no ouvido para escutar as músicas preferidas e também era motivo para não ouvir algumas piadinhas de algum interessado em paquerar consigo.

Conforme o tempo foi passando, já formada e exercendo a profissão, foi ela trabalhar na capital, porque foi aprovada em um concurso federal. Ficava entre a cidade natal e a capital. Nos finais de semana, ela estava na cidade. Já não se comportava da mesma forma de antigamente. Saia com algumas amigas, ia às festas, tomava cerveja e refazia a vida, antes encarcerada, de luto pelo namorado.

Rita tinha uma agenda cheia. Mal dava tempo para cumpri-la. Cursos, reuniões, baladas, festas, trabalho, enfim, a rotina mudava a cada dia e sempre algo novo estava transformando aquela rotina.

No apartamento onde morava, localizado na capital, Rita fez a decoração a seu estilo. Quadros de pinturas clássicas, vasos de flores, carrinho com taças e bebidas de várias marcas, televisão de tela grande, quarto e cozinha modernos, enfim, ela fez uma reviravolta na vida. Em homenagem ao eterno amor da vida, ampliou uma linda foto onde os dois apareciam sorrindo e tomando champanha em copos cruzados. A tal foto era muito grande e ocupava meia parede do apartamento.

Com a mudança feita, Rita voltou ao estilo jovem. Paquerava, namorava, saia com amigos e amigas.

Certo dia, ela conheceu um jovem viúvo, que era professor de Física no colégio perto de sua casa. A amizade dos dois crescia a cada dia. No trabalho, conheceu outro homem, que também a amizade foi caminhando no dia a dia. Assim, virou a rotina dos três. Muitas conversas, vários assuntos, vários pretextos, enfim, o cotidiano estava em alto astral.

Duas semanas seguintes, ela comemoraria mais um ano de vida. Chegou perto do jovem professor e o convidou para ir ao apartamento, pois fariam um jantar a dois. Com a agenda cheia de serviço, Rita esqueceu do convite e convidou, também, o amigo de trabalho, o qual aceitou alegremente e imaginou coisas, porque Rita era linda e um corpo sex.

Passaram-se os dias. A data do aniversário chegou. Rita não foi ao trabalho. Foi ao supermercado e comprou muita coisa para o jantar. Ela mesma preparou e decorou a mesa ao estilo romântico, porque tinha mais afeição pelo jovem professor.

Na hora marcada, chegou o professor. Com lindas flores e uma embalagem personalizada, ele a cumprimentou e lhe deu um forte abraço e um longo beijo. Assustada com a atitude do professor e fervendo de amor por ele, ela não se hesitou e pensou que a foto dela com o antigo namorado iria atrapalhar aquela noite, que jurava ser a noite mais linda de sua vida. Pegou uma escada que estava na área de lavanderia, colocou-a perto da parede e virou a foto ao contrário, porque ali eles poderiam amar, poderiam fazer de tudo que é permitido quando duas pessoas se amam.

A campainha toca. Assustada, Rita pede para o professor ir se esconder no quarto, porque lembrou que também tinha convidado o amigo de trabalho para a festa a dois.

Meio desconfiado, ele vai para o quarto e pensa que seria o entregador de flores que iria entregar um buquê de flores comprada antes de chegar ao apartamento de Rita.

A voz se espalha pela sala e logo o colega de serviço entra pelo apartamento e dá um forte abraço e um beijo em Rita. O professor ficou assustado com o silêncio e foi ver o que se passava. Quando viu a cena entre Rita e o outro, ficou perplexo, dizendo:

- O que está acontecendo?

- O amigo de trabalho de Rita, de nome Mauro, olhou para o professor e respondeu:

- Você vai explicar.

Não se entendendo mais, os dois começaram a discutir e somente não saíram aos tapas por muita imploração de Rita. Saíram discutindo e não voltaram mais.

Desolada, Rita olha para todos os lados e não se conformava com o acontecimento. Dois homens brigando por causa dela, imaginava consigo mesma.

Olhou em direção ao retrato que estava virado para a parede de disse, em voz alta:

- Perdão, meu eterno e grande amor. Hoje pensei em ti trair, mesmo estando longe, na eternidade. Os meus sentimentos e o meu amor por ti são imensos, que estando longe de mim, separados pela eternidade, o nosso amor é verdadeiro, é eterno. O nosso amor jamais acabará. Estarei jurando a ti que jamais olharei para outro homem. Se esta fotografia está aqui é porque ainda estamos juntos e seremos juntos até o dia de minha morte.

Chorando e querendo que aquela marca de dia passasse de sua mente, Rita redecorou o apartamento. Substituiu o carrinho de bebidas e as taças, por livros, fotografias dela e do antigo namorado e jamais tocou em outro homem, até o dia de sua morte.

A visita

Estavam todos ali, debaixo de uma árvore, tendo um forte sol aquecendo os miolos e alguém, mais astuto do que o mais perspicaz, na turma de cinco pessoas, sorrindo em gargalhadas tão altas, disse:

- Que tal fazermos uma visita à fazenda do Tião da Cesta?

- É muito perigoso ir lá. Você sabe que a fazenda é assombrada e quem ir e abusar da lei da natureza, ficará em depressão, causando medo, pavor, pânico e outras coisas da mente. É melhor não ir...

- Eu ter medo? Rá, rá. Jamais terei medo e principalmente fantasma da fazenda do Tião. É pura mentira, é pura ilusão.

O diálogo entre os dois membros da turma não termina ali, pois alguém mais penetrante, com ar sarcástico, sem querer muito o que dizer, logo intervém na conversa e diz:

- Calma, meus amigos. A fazenda do Tião é considerada um patrimônio cultural. Foi tombada há mais ou menos um ano. Não tem nada lá, nem mesmo o resto de alma que lá viveu. Faz tempo que tudo mudou, até mesmo a última assombração vista lá partiu. Acho que foi morar em outro lugar. Não tem nada.

Cientes do que estavam falando, saíram em risos até o local. Não era longe, mas o suficiente para uma caminhada de trinta e poucos minutos. O dia ainda estava claro e o sol brilhava com menos intensidade. O pôr do sol se aproximava e convidava para uma grande olhada no horizonte. Algumas nuvens circulavam o contorno entre as montanhas e o céu azul. Dava para ver uma grande fresta de luz em forma de raios pairando sobre as montanhas.

- Que lindo o horizonte à frente, dizia Paulo, um dos mais medrosos da turma.

- Um monstrinho, uma fantasminha, uma alma do outro mundo que viveu aqui, está esperando por você.

- Não brinque com estas coisas.

- Você não as conhece. São formas de vidas inexplicáveis, que ainda não são conhecidas pela ciência.

Estavam todos felizes, mas caminhavam até às proximidades da fazenda com um pequeno receio, um aperto no coração deles e uma vontade de alguém pedir para desistir do passeio.

Assim que se aproximaram da porteira de entrada, sentiram um grande arrepio pelos corpos. Uns diziam que estavam sentindo calafrios e outros diziam que o ambiente não lhes estava agradando.

- O que poderá estar acontecendo, dizia Mauro com voz trêmula.

- Não sei, retrucou Paulo.

- Vocês estão ouvindo um forte chiado e um barulho estranho que vêm do lado de dentro da casa?

- Sim, João.

- O barulho assemelha um chiado muito forte, um som eletromagnético vindo de algum lugar.

- Olhem, vejam. O que é aquilo?

Neste momento, um vulto contornou a casa, sede da fazenda, totalmente. A sombra era muito densa e cobria tudo que estava ali, à volta. Era algo surpreendente e ninguém deles viu a matriz que dava origem a sombra.

Saíram todos correndo. Não viram nada, nem mesmo uns se preocupavam como os outros. Era caso de vida ou morte. Era questão de sorte chegar primeiro ao alto do morro.

Quando estavam em uma posição segura, olharam entre si e ao mesmo tempo disseram:

- Nunca mais voltaremos ali. Nossa visita foi somente por curiosidade.

Dia de Finados

O mês de novembro é muito especial para todos. No dia dois, comemora-se o dia dos Finados, ou seja, o dia que marca a lembrança de algum ente familiar, amigo, que se foi para a eternidade. Também, no dia quinze, comemora-se a Proclamação da República do Brasil. Outro feriado. Então, são dois feriados até a aproximação das festividades natalinas.

Oscar, um jovem estudante de engenharia, muito cedo saiu de sua cidade natal para estudar no colégio militar, pois o pai era militar reformado e tinha o desejo de ver o filho ser um grande engenheiro agrônomo.

Muito dedicado, Oscar tomou o rumo certo. Era muito estudioso e dificilmente vinha visitar o pai na pequena cidade do interior de Minas Gerais. Seu pai era muito rigoroso e de tantas normas internas, a mãe de Oscar não conseguiu viver junto dele e logo foi pedindo o divórcio, voltando a morar na casa de seus pais, no Estado do Paraná. Oscar ficava divido entre a faculdade na capital mineira, visitar a mãe no estado do Paraná e algumas vezes, o pai, na pequena cidade mineira, entre serras, um grande rio e de muitas matas. Quando Oscar chegava para visitar o pai, ele mais ficava passeando pelas matas e campos de sua cidade natal do que ficar com o próprio pai. Na opinião de Oscar, seu pai era bastante chato. Implicava com tudo, até mesmo com a roupa vestida por Oscar. Todas as vezes, o rapaz voltava para a capital chateado, nervoso, pois o próprio pai não lhe dava atenção, sempre o ameaçava, sempre brigava com ele e por algumas vezes foi agredido pelo pai.

O garoto sempre se queixava para a mãe, a qual ele sempre gostava de visitá-la. Quando chegava no estado do Paraná, ela ia recepcioná-lo na rodoviária, no aeroporto ou por onde ele chegasse.

Da última vez, Oscar disse:

- Mamãe. Todas as vezes que vou visitar papai, ele sempre briga comigo. Ele me diz que eu sou chato. Gosto muito de ficar andando pelas matas, gosto de pescar e que não fico perto dele.

- Olha, das últimas vezes que fui até lá, vi uma pessoa estranha. Vi uma nova mulher dele. Acho que amigou definitivamente.

- Ela, por nome de Maria José, é muito chata. Pior do que ele.

- Maria José tem uma filha do antigo casamento. Ela é jovial, muito bonita, mas tem um namorado tão enfadonho e ciumento.

- Ele, da última vez que estive lá, me ameaçou em bater-me, porque cismou que eu a olhava de uma forma diferente. Não é verdade, mas ela dava umas pequenas olhadas para mim. Quando contei a meu pai, ele virou um verdadeiro bicho. Ele me empurrou, deu-me umas palmadas no traseiro. Falou-me, também, se eu continuasse a olhar para a Madalena, ele nunca mais deixaria eu ir lá.

- O que aconteceu, depois, Filho?

- Mamãe, eu não resisti. Ela começou a olhar muito para mim, depois que o namorado foi embora.

- Eu sou homem e não pude evitar.

- Ela me disse que eu não era tão homem assim e me fez uma proposta.

- Eu teria de dormir com ela. Feito isto, ela não mais olharia para mim.

- Porém, Mamãe, as coisas saíram erradas. Quando eu me dirigi para o quarto dela, à noite, eu não fiquei sabendo que o namorado, de vez em quando, dormia lá.

- Nós nos enfrentamos, mas ele me bateu muito e chamou o meu pai. Além de apanhar dele, meu pai me deu outra grande surra. As marcas ficaram em meu corpo por muito tempo. Meu pai pegou a carabina e saiu dando tiro para o alto, afim de recear-me. Peguei parte de minhas coisas e nunca mais voltei lá.

Desta forma, Oscar lamentava para sua querida mãe o motivo que não mais aparecer na cidade, onde seu pai morava.

O tempo passou e muitas lembranças ficaram por parte de Oscar e o velho pai. Já formado, Oscar foi trabalhar no exterior e ficou muito tempo por lá. Entre muitos estudos, estágio, grandes negócios e ao fim a conclusão do pós-doutorado, Oscar tinha pouco contado com a família. Sempre era através de cartas, correspondências eletrônicas e mais uns vinte e tantos anos ele permanecia no exterior.

Um belo dia, já cansado daquela vida no exterior e surgindo uma nova e melhor proposta para dar aulas e chefiar uma equipe de pesquisas, Oscar retorna ao Brasil. Recebeu a notícia que sua mãe faleceu. Ficou muito pesaroso, mas a vida é desta forma. O dia de cada um está escrito no grande livro da vida. No dia, na hora, no minuto e no segundo, quando o cidadão, seja homem, mulher, criança, pobre, rico, qualquer um, for lido neste livro, ele deixará tudo e parte para a vida eterna.

Com este pensamento, já madurecido filosoficamente, Oscar recebeu a notícia do falecimento de sua mãe. Não pensava muito no pai, mas algumas lembranças permaneciam em sua mente, principalmente a surra que levou dele e a ameaça dos tiros disparados pelo militar reformado. Passou mais um tempo e a vida estava seguindo o curso normal. Com as proximidades das festas de final de ano, Oscar finalmente consegue complementar uma folga a mais no ano, com as férias acumuladas. Ia permanecer três meses de férias. Pensou muito e queria fazer algo para se desculpar com o militar reformado.

Resolveu ir em uma quinta-feira para a cidade mineira. Tomou o transporte aéreo e lá se foi. Fretou um helicóptero e chegou à cidade. Procurou um hotel e foi logo perguntando pelas notícias de seu pai, mas sem dizer que era filho, pois Oscar também estava jurado de morte pelo namorado de Madalena. Recebeu péssimas notícias de que o militar havia falecido há quatro anos e, no leito da morte, pedia perdão ao filho e fez uma promessa para o chefe do cartório comunicar o filho. Algum dia, quando viesse à cidade, teria que ir ao túmulo dele e pedir perdão em voz alta.

Escutando esta afirmação, Oscar não pensou duas vezes. No leito de morte, seu pai lhe pedia perdão e ele não descansaria em paz se o filho não fosse até o cemitério municipal dar o perdão.

Como era dia de finados, Oscar passou na floricultura e comprou um lindo vaso de flores para colocar no túmulo de pai. Com o vaso em mãos, pediu referências onde estaria o túmulo do militar e foi logo levado até lá.

- Veja, amigo. Este é o túmulo do militar. Ele era uma pessoa muito boa, mas muito nervoso. Dizia o encarregado do cemitério.

Oscar não podia dizer o que sentia naquele momento. Ele foi criado como cristão, mas conheceu novas doutrinas e novos conceitos da vida. Outra coisa que ninguém sabia sobre Oscar era que ele era muito medroso. Não gostava muito de ir ao cemitério, porque sentia um medo muito forte das pessoas que partiram para outro mundo. O coração batia forte, as mãos ficavam suadas e as pernas tremiam. Naquele momento, ele não tinha escolha. Olha para vários lados e somente via túmulos, sepulturas, flores, cruzes, retratos, velas, pessoas lavando túmulos. Perto do túmulo de seu pai, havia um amontoado de entulhos, restos de tijolos, cimento, pedras, cascalhos e outros ingredientes de reformas.

Bastante assustado, Oscar olhou para o túmulo. O coração bateu forte dentro do peito, as lágrimas surgiram em seus olhos grandes, fazendo-o tirar os óculos e chorar baixinho. Lembrava de seu pai, uma figura sinistra. Muito sério, sem dar um sorriso sequer, de quase dois metros de altura, barbas feitas diariamente, um bigode bem cortado, cabelos grisalhos, roupas limpas e bem assentadas no corpo. Não era de muita conversa, nem mesmo com a segunda esposa. Oscar lembrava e os primórdios de choro vieram em seguida.

- Meu inesquecível Pai, Coronel Odilon.

- O tempo foi passando. Eu sempre amei o Senhor. Sei que não está me ouvindo, mas venho lhe dizer que lhe amo muito.

As lágrimas corriam rosto a fora, fazendo com que Oscar interrompesse o fluxo delas com uma passada de lenço no rosto. A tarde se finalizava e era o momento certo para ele estar ali. Muito espinhado, ele queria fazer a homenagem ao pai falecido, da mais prudente maneira. Tinha medo de que o namorado de Madalena estivesse ali por perto e quisesse cumprir a promessa feita há vários anos. A emoção de estar ali, escondido, era grande e se as pessoas o reconhecessem e fossem dizer para o marido daquela mulher que ele deitou várias vezes. Ficaria muito mal para ele e a cidade era muito pequena. Eram pouco mais de quatro mil habitantes e todos ali conheciam uns aos outros. Criou coragem e foi logo falando em voz alta e até esqueceu que poderia ser revelado a qualquer momento:

- Meu pai adorável. Sei que não fui um bom filho. Muitas vezes eu abria a mesa que ficava no quarto. Quando o senhor dormia, tirava-lhe as chaves e via a coleção das revistas de mulheres nuas. Comia o queijo todo e dizia que tinha sido o gato. Tomava quatro banhos por dia e dizia que meu banho tinha sido rápido. Enfim, estas e outras aventuras eu fiz. O senhor não ficou sabendo.

Estas e outras confissões, Oscar dizia em voz alta e em dado momento os ouvidos sentiram dois gemidos vindos de dentro do túmulo.

- Não é verdade, pensou rapidamente interrompendo sua confissão.

Continuou, de forma mais rápida, porque se sentiu à vontade e neste momento de comoção é que as palavras saem abertamente, clareando mais o raciocínio. Pelo menos uns cinco minutos Oscar ficou falando e implorando o perdão do finado pai.

Assim que se passava mais da metade da confissão, Oscar ficou mais intrigado porque os gemidos aumentavam a cada intervalo de cinco segundos. O som vinha mais forte do túmulo, fazendo com que Oscar aproximando mais de perto disse, em voz muito alta, misturada com soluço, choro, gritos, comoção.

- Sei que o Senhor está me ouvindo, então me dê um forte sinal, porque vou lhe perdoar para viver melhor a sua morte.

Falando mais alto, Oscar não percebia que as pessoas que estavam por perto escutavam a conversa dele no túmulo. Uns olhavam para os outros e comentavam quem era aquele cidadão, bem vestido, de cabelos bem penteados, com um lindo vaso de flores na mão, de vez em quando limpava os olhos enxugando as lágrimas com um lenço importado.

- Vamos, meu velho pai. Vamos, dê-me um sinal para eu ir embora e assim lhe perdoar.

Estava muito difícil para Oscar contornar aquela situação. No fundo de sua alma, ele já havia perdoado seu pai, mas a outra parte de seu cérebro criava algo inesperado dentro de si, como se fosse uma sensação de medo, de terror e até mesmo de pânico. O suor corria frio pelo corpo. As lágrimas se misturavam com o forte calor da tarde quente e ele nem sequer olhava para os lados, vendo que algumas pessoas estavam olhando desconfiadas para ele. Era um péssimo sinal e a qualquer momento alguém poderia reconhecer-lhe e chamaria o marido da Madalena.

Criando mais arrojo, ele diz com mais força na voz:

- Por favor, dê-me o sinal de que recebeu meu perdão.

Neste momento, Oscar sentiu que algo segurava suas pernas, com muita força e dizia para ele ajudar a sair dali, porque permanecia muito tempo ali em baixo e queria sair dali de qualquer jeito.

Desesperado, Oscar gritou em voz alta:

- Perdoa-me por ter deitado com a Madalena por várias vezes e você não ficou sabendo.

- Então foi você, seu desgraçado.

A voz dizia furiosa e um barulho foi ouvido perto do túmulo de seu pai.

Um homem forte saiu de dentro o túmulo, com uma grande faca na mão e um pedaço de cabo de enxada na outra. Correndo atrás de Oscar, dizia:

- Seu FDP. Agora você não me escapa.

- Vou cortar isto que está no meio de suas pernas para você aprender que é um grande metido e mentiroso.

Oscar saiu correndo do cemitério. Pegou um taxi que passava pelo local e até hoje não voltou em Minas Gerais para terminar de fazer o pedido de perdão a seu falecido pai.

Quem não gosta de ir, nos finais de semana ou meados da semana em uma festa?

Conforme origem etimológica, a palavra "festa" tem suas raízes em substantivada, do latim "festa", que representa uma reunião de pessoas sem fins lucrativos, um momento de alegria, fato vultuoso em que se comemora alguma homenagem civil ou histórica, uma celebração religiosa, um afago ou uma carícia, trocas de presentes, enfim, uma série de acepção. Ou melhor dizer, alegria, farras, danças, músicas, bebidas, brincadeiras e mais outras ações.

Então, fazer uma festa é mostrar para o mundo ou para as pessoas o que melhor existe.

Quando se é convidado, sempre existe a certeza de que será bem recebido, que haverá muita comida e bebida, que pessoas diferentes ou aquelas que estão morando fora do ambiente estejam presentes, que haverá fato curioso, enfim, muitas ideias se passam no convidado. Será que a roupa está adequada ou à altura daquele momento.

Assim que se estaciona o veículo no local ou chega de ônibus, de outra forma de transporte, o convidado tem a esperança de ter momentos e glórias, pois será um arquivo no subconsciente.

Ao bater à porta, logo é recibo com um forte abraço, boa noite, bom dia, onde está o convite, quais os membros da família que o acompanham. Um aperto de mão, tapinha no ombro, então uma batalha de rituais que o coloquem dentro do momento.

Ao adentrar no salão, logo o garçom lhe convida a tomar o acento, poderá ser próximo de amigos ou onde não se conhece nada.

Ao lobrigar os que ali estão, um garçom lhe entrega os copos. Pergunta quais são as bebidas que toma, qual o refrigerante das crianças. Há ocasiões onde a cadeira é puxada para os convidados sentarem. A criança que brinca dentro de um pula – pula, o casal que dança ao som dos anos oitenta, as vasilhas com as comidas típicas, o casal de namorados que não se entende nas ideias, a anciã, juntamente com os netos e filhos, que conversam entre si, o velho boiadeiro vestido de suas roupas típicas, com o grande chapéu na cabeça, dizendo que caiu poucas vezes do lombo do boi. Um senhor sentado ao fundo, parece tão vidrado ao celular. Talvez esteja lendo as últimas notícias atuais. Quem sabe poderá estar brincando de algum jogo e conversando entre si dentro de um grupo fechado.

Uma pequena conversa com os familiares. Mais uma vez, olha para o outro lado e depara com o casalzinho de crianças recém-nascidas. São gêmeas, diz com toda pompa um jovem rapaz, que se presume ser o pai das crianças.

Traga-me outra bebida, diz um senhor de média idade ao garçom. Não quero bebida quente. Quero a cerveja mais gelada, aquela que saiu do polo norte, no seio da geleira.

Recebe a tampinha nas costas. Logo é seu melhor amigo ou algum conhecido que deseja saber as notícias, os detalhes, tudo aquilo que vive e da família. Longos minutos de conversa e mais um motivo para querer beber outra medida. Às vezes as conversas estão agradáveis, porém o sentimento de estar ali é fundamental para sua existência. Por um momento, lembra-se as janelas da casa. Será que estão todas fechadas, pois sopra o vento forte e há ameaça de chuva. Lembra-se, portanto, a esposa responsável que a casa foi toda fechada. Até o cãozinho de estimação foi para a casinha no fundo do quintal.

Que bom estar em paz. Uma cerveja, duas, três. Uma boa taça de vinho e o rapaz que se serve diz que o vinho está envelhecido há cinco anos.

Eu quero refrigerante. O meu acabou. Traga-se mais churrasco, mais linguiça assada, carne de boi. O frango está uma delícia. Será que terá sobremesa. O bolo está muito lindo, qual o confeiteiro que o fez. As uvas estão docinhas. Olhe só o formato da melancia. Deve ter dado muito trabalho para ornamentar. Quantos doces e balas estão ali. Preciso ir buscar, mas logo é repreendido pelos pais, dizia uma criança.

Mais comentários se ouvem. O casal que está sentado à frente diz que o esposo do primo do dono da festa se separou da família. Deve ter arrumado outra família. O sapato da moça que está dançando está soltando a costura. Deve ser a pressa para vir ou para dançar.

Já se passou um bom tempo e sem dúvida o cansaço chega repentinamente. Deseja verificar outras dimensões do salão. O alto som da música faz com que muitos casais, jovens, crianças, adultos, uns com os copos nas mãos, vão até o salão e dançam. Acha meio estranho ver tudo diferente. O vaqueiro está bem tonto. O homem do celular resolveu sair do local e ficou à vontade do lado de fora. Talvez esteja conversando com a namorada ou semelhante. Surpreendente, olha para uma senhora de meia idade. Está trajando um lindo macacão da cor amarela. Os olhos brilham, pois está sob o efeito das últimas bebidas. Ela está sorridente. Dos lábios percebe-se que acompanha a letra da música tocada. Os cabelos, ainda presos, com marcas de suor no rosto, escondem as pequenas rugas da vida. Estava tristonha, porque ficou viúva ainda cedo. Dedicou alguns anos para criar a família, sozinha, com ajuda do salário e a pensão do falecido. Ela vislumbra uma sensação de liberdade. Então, você sussurra nos ouvidos da esposa, que a viúva deseja encontrar um namorado. Não se sabe se será um jovem cheio de vida e energia ou se será um outro viúvo, uma outra pessoa divorciada ou um solteirão. A esposa olha assustada e verifica que você não está olhando para a viúva, mas se estiver, ficará a esposa de cara feia.

Já indo para o final da festa, onde todos estão cansados e a cerveja ainda é contada para ser servida, sua atenção se volta para a mesa do final do corredor. Nela, estão três professores. Um é doutor em Língua Portuguesa. As outras duas professoras, que o acompanham, são professoras do curso ginasial. São belas, apesar de não serem casadas e muito atraentes. Grandes olhos se voltam a elas, mas elas não deram valor, pois aos olhadores, elas não sentiam nenhuma atração. Olha, não para as professoras, mas para o professor que pede dois limões, uma faca, um pouco de gelo e um guardanapo. A atenção se volta ao professor. Com a faca em punho, corta criteriosamente as fatias dos limões. São fatias bem medidas e diria que estavam todas sob medidas. Uma a uma. Sempre com o sorriso nos lábios. O rosto parece de uma pessoa pervertida, uma pessoa seduzida e sob o efeito de mais bebidas. Olha, constantemente para um lado e para o outro. A atenção dele se volta quando você o observa. Ele, ainda cortando as fatias dos limões, com um sorriso seco nos lábios, cochicha algo aos ouvidos das duas professoras. Elas, imediatamente, viram o rosto e olham em sua direção. Uma faz cara de riso, mas logo é advertida pela segunda, que talvez falou de sua vida. Assim que termina o corte, o professor gozador pega o cabo da faca. Por uns cinco minutos, ele amaça as fatias dentro do copo e coloca o gelo. O movimento dele é observado por você o tempo todo. Amaça, amaça e logo pega uma garrafa sobre a mesa. Deve ser bebida forte. Coloca-a no copo, meche muito, coloca outra porção de uma nova garrafa. Tira algo do bolso, que se presume ser açúcar. Remexe várias vezes. Olha para um lado e para o outro lado. Não olhou para seu lado, mas prova a nova bebida com a ponta do dedo. Deverá estar gostoso, mas somente o tempo dirá, porque sua atenção é distraída quando a esposa e os filhos se levantam e pedem para ir embora.

Assim, entre outras, é uma festa. Uns têm várias delas durante a semana. Alguns têm poucas e a cada festa é motivo de alegria, de paz e de uma nova observação. Porque tudo é festa.

Cachorrinho

Na escuridão da noite
Vaga sobre seus próprios passos,
Olhos firmes e olhando para frente
Nem mesmo uma pequena espiada para o lado
Está muito apressado.
Talvez a barriga grita de fome,
Um bom mexido, um arroz solto, uma fatia de angu
Quem sabe o resto do frango do almoço.
O coração acelera as batidas,
Para chegar mais depressa.
Entre um veículo, ela passa despercebido
Nem mesmo contempla quem lhe chama.
Com os passos mais apressados,
Vai lépido, mais lépido ainda
Quando chega a sua casa.
Um latido, um murmúrio
O portão logo vai abrindo.
Faz festa para seu dono
Um pulo, um lamber de mão.
Parece muito feliz, bastante jovial,
Quem sabe e conhece seus sonhos
Somente quer carinho
Este lindo e amável cachorrinho.

Criança

Criança feliz

Sorridente,

Com seu herói valente

Ainda aprendiz.

Um brinquedo na mão

Se é homem, seu caminhão.

Para a avó, sua neta

Linda, semelhante a uma boneca.

Um bico na boca

Deixa a mãe louca

Chorando, fome à vista.

Do caderno faz a lista

Dizendo ser médica

Não sabe ainda a ética

Quer ser gente grande, ser temida.

Um sorriso, um olhar, uma olhada tímida.

Será o futuro,

O presente recheado de ouro

Por ser criança

Aprendendo a primeira dança

Da criança, a esperança.

Ruídos

Existe a probabilidade de mais de uma pessoa ouvir um simples ruído, em um determinado lugar, no mesmo dia, no mesmo horário?

Até pouco tempo, seria dizer que seria fruto da imaginação. Seria pensar que algo estaria errado ou mesmo um produto do pensamento humano querendo descobrir ou desvendar algo, em algum lugar.

Volto para o mês de março de 1986. Perto da cidade de Carrancas – MG, um grupo de escoteiros fazia sua jornada rumo às cachoeiras famosas da cidade. Em determinado lugar, o líder fez uma pausa para que descansassem, tomassem água e ficassem à vontade com a natureza. Assim que se sentaram, um dos componentes disse que percebia um som meio estranho vindo de uma pequena fenda, próxima a um barranco. Segundo suas informações, a frequência daquele som era baixa e castigava seus ouvidos até ao ponto de ficar ourado. Pensava ser fruto da fadiga da caminhada ou de uma pequena elevação de altitude.

A mais ou menos, a uma distância de duzentos quilômetros, ao norte, um caminhoneiro viajava tranquilamente a bordo de sua carreta. Ao cruzar uma determinada encosta, sentiu um forte ruído tinir no ouvido direito, a uma baixa frequência, fazendo-o distanciar de sua pista e lhe causando uma pequena anomalia na visão, obrigando-o a ir parar no acostamento.

No município de Carmo do Rio Claro – MG, navegando em um barco, na represa de Furnas, três jovens irmãos singravam serenamente no lago, quando foram surpreendidos por rajadas de ventos e um forte estrondo, fazendo-os tontos e uma forte pressão em seus ouvidos. Ficaram sentido o ruído por dois minutos.

Talvez não sejam coincidências dos fatos acima narrados, nem mesmo um pré-anúncio sobre a noite oficial dos Ufos, no Brasil. Conforme investigações posteriores de caráteres conclusivos, tais fatos ocorreram no mesmo dia, na mesma hora, no mesmo minuto e no mesmo segundo. Tais pessoas envolvidas nas situações eram pessoas de um alto poder psíquico e espiritual, com grande capacidade intelectual de sentir e absorver ondas vindas do cosmos, mas sem um determinado conversor de tais ondas.

Não é difícil concluir que há milhares de anos ou talvez milhões de anos, algumas civilizações tentam enviar mensagens para o planeta, não fisicamente ou em formas binárias, mas forcejam transmitir ondas telepáticas aos "escolhidos", através de ruídos, barulhos e sons distintivos a cada um e estes sons não são percebidos por outros que estejam por perto.

Quando era pequeno, eu sempre quis pensar o que seria ser gente grande. Uma expressão tão pequena, mas de tanta e tamanha importância para a vida de um adulto.

Sonhava com um planeta muito limpo, onde se podia beber água limpa no grande e vultuoso rio. Poderia nadar em lagos de águas claras e até mesmo comer peixe pescado em rios de capitais.

Olharia para o alto e veria uma luz mais ampla, sem poluição. O ar seria o mais puro, aquele que se sente dentro de uma mata. Um ar puro, úmido, com um sabor de seivas florestais. Porém, nas grandes cidades, o pulmão pouco consegue respirar as grandes toneladas de fumaças, de cheiros de enxofre e outros frutos da poluição desenfreada.

Que bom seria se pudesse passear sossegado pelas ruas, vestido de uma bela roupa, calçado com um par de tênis importado, segurando um celular. Também percorrer uma capital a bordo de uma linda motocicleta, uma máquina importada; até mesmo dirigir um veículo importado, com as janelas abertas. Hoje, porém, este sonho se torna impossível, pois a violência, as leis e até mesmo a impunidade fazem com que se torne recluso em sua própria casa.

O melhor seria fazer uma serenata para a amada, em noite de lua cheia, bem próximo ao portão, pois é mais uma ilusão, porque ao aproximar de uma residência, alguns seguranças podem confundir com ladrão, marginal, enfim, a pior pessoa da face da terra.

É domingo. Pela manhã, convidar alguns amigos e dar uma grande volta de bicicleta no bairro e procurar um parque. Até tudo bem, digo que ao sair de casa, com uma bicicleta importada, poderá ser até assassinado por causa deste bem.

Enfim, crescer é um sonho adolescente. Este sonho pode até ter consequências distorcidas da realidade. O meio violento em que se vive torna-se o sonho de crescer e virar adulto mais temível e preconceituoso.

Acabou a festa

É noite, o final
Da boa festa.
Homens acompanhados,
Mulheres arrumando o cabelo
Espalhado pelo vento,
Marcas de suor na testa
Misturadas a maquiagens.
Até um pequeno brilho nas sobrancelhas.
Sapato de salto alto,
Uma delas segura na mão.
Não se sabe até onde ficará sem ele,
Deve estar com os pés machucados.
Com duas bolhas.
Alguém sai com um copo na mão
Bebe os goles restantes.
Poderá ser cerveja,
Um vinho misturado.
Não se sabe.
Dá o último gole e joga o copo ao chão.
Ainda bem que é de plástico.
Risos, gritos, alegria...
O final da festa chegou
Em alta madrugada,
Um, dois, três roncos de motores,
Desfazendo a noite da festa.
Ainda restam algumas pessoas.
Nem sempre as mesmas,
Para alguns foi um sonho,
A outros, um pesadelo
Por ser o fim de uma festa.

Somos

Belos, feios,
Trabalhadores, preguiçosos,
Honestos, corruptos,
Uma nação, um só povo.
Que se alegra, que se entristece,
Mora em palácios, em casebres,
Estuda mais um capítulo
Da história, do conhecimento.
Somos um só povo
Na caminhada da vida
Entre tantos os sofrimentos.
Somos fortes, também fracos
Em dizer palavras e construir ideias
Na corrida contra o tempo
Mesmo sabendo que se resta pouco.
Que sorri das graças,
Chora nas desgraças.
Assim caminha o somos
Humanos, vivos, bichos
Que agem em sentimentos
Natos, adquiridos,
Somos um todo,
Uma matéria perambulando no espaço
Onde o tempo é acelerado
Na busca de um fim sem fim.
Da vida, da esperança.
Somos humanos,
Somos uma raça,
Assim, somos...

Conto do vigário

Antônio dos Santos, mais conhecido por "Já Foi" era um sujeito muito alegre. Gostava muito de contar piadas, contar os famosos causos de assombração, de pescar, sua paixão e descanso de seu trabalho; fazer serenata para as mulheres e todas as tardes fazia uma corrida de preparo físico. Sempre corria na prova da São Silvestre.

Um belo dia de domingo, já cansado da pescaria, "Já Foi" saia do rio com sua sacola de peixes. Não eram muitos, mas o suficiente para um bom jantar. Era casado e tinha três filhos ainda pequenos. Sua filha mais velha o acompanhava nas pescarias, mas neste dia, ela não foi, porque estava com dor de cabeça e tomou um remédio que a fez dormir.

Já era fim do dia, mais ou menos umas quatro horas da tarde. Com seu chapéu, no estilo mexicano, "Já Foi" começava a subir uma trilha bem íngreme. Seria uns quinze minutos caminhado a passos largos até chegar à estrada. Sua bolsa, com seus pertences, estava muito pesada. Dentro dela estavam os peixes. Eram quatro peixes da espécie dourado, que pesavam mais ou menos uns cinco quilos cada. O equipamento de pesca, as iscas remanescentes, um embrulho de pão com linguiça, uma garrafa de café, uma caneca de alumínio e uma garrafa vazia que estava com água. Ainda dentro da bolsa, havia um lugarzinho para levar uma florzinha do campo para a esposa. Ela, com certeza, ficaria muito feliz e faria o peixe assado conforme de costume. Com bastante tempero e para completar, passaria no boteco do José para levar duas garrafas pet de dois litros cada uma, de guaraná, pois somente nos finais de semana é que eles tomavam refrigerantes.

Sua carga estava bastante pesada. Ele, porém, dizendo consigo mesmo, desejou que sua filha mais velha estivesse ali para ajudá-lo a carregar. Ela, de nome Sabrina, era muito esperta. Era a primeira aluna da sala e já cursava o último ano do segundo grau da escola estadual da cidade. Queria ser delegada da polícia federal, seu sonho, e lutava a cada dia sobre os livros, estudando e fazendo um cursinho para passar no vestibular e iniciar o curso de Direito. A esposa de "Já Foi" era uma grande professora do colégio estadual. Dava aulas de Matemática e Física. Sempre tentava ensinar o marido, porque ele somente estudou até a quinta série do primeiro grau, porém ele detestava quando ela chegava e escrevia uma equação ou um problema para fazer.

Pensando como chegaria em casa, "Já Foi" andou por uma grande distância e já estava chegando perto da estrada, pois o ônibus do povoado próximo já havia passado e sendo domingo, somente existia um horário para o transporte de passageiro. Se perdesse o horário, ele teria que ir a pé e andaria uma distância de dez quilômetros, via asfalto.

Ele fez a última curva da estrada de terra e se andasse por mais setecentos e cinquenta e dois metros chegaria ao asfalto. Era somente atravessar e andar por mais duzentos e oitenta e cinco metros para chegar ao ponto do ônibus. Apressou-se, mas levou muito susto. Terminando de fazer a curva da estrada, ele deparou com uma viatura da polícia militar, destinada a patrulhar e fazer a guarda ambiental da região. Seu coração disparou quando o veículo parou e uma voz muito forte saindo do interior do veículo, dizia:

- Parado, mãos para cima e não se mecha.

Com o último gole de saliva na boca, olhando de repente para aquela camionete e ao mesmo tempo quatro policiais descendo e o ameaçando com algumas armas, "Já Foi" deu um grito e um pulo. O susto dele foi tanto, que a sacola onde estavam os peixes e seus pertences imediatamente soltou-se do ombro e caiu.

- Tenham calma, seus guardas. Aqui está um simples trabalhador, vindo de uma pescaria farta e a leva para a família.

Não vou vender para ninguém. É para mim, para minha sogra, para meu tio ...

O guarda, na função de sargento, não quis detalhar muito. Foi logo para cima dele e o segurou com muita força. Parecia que iria surrar muito, mas era somente ameaça, pois não encontrou nele nenhum perigo e viu que era um cidadão honesto, trabalhador e não oferecia nenhum perigo.

- O que tem dentro desta bolsa?

Meio nervoso, com a voz trêmula, mentalmente ele pensava que estava todo complicado. Era período em que a pescaria não estava permitida e poderia ser preso, processado e até ser julgado criminalmente. No mais, o seu orçamento, juntamente com o da esposa, estava todo comprometido com as despesas do mês e os tratamentos dentários dos filhos. O pagamento do financiamento do veículo da esposa, a compra de material para a festa de aniversário de dois filhos, que eram no mesmo dia, mas em anos diferentes. O que fazer, pensava a todo tempo. Como ia dizer aos amigos, ao patrão de onde trabalhava, aos filhos e às demais pessoas que estaria prestes a ser preso.

- Sr. Guarda... Nesta bolsa estão os meus apetrechos de pescaria. Sou trabalhador de uma fazenda, onde exerço a função de retiro. Por ser, hoje, o meu dia de folga, quis vir até aqui para pescar. Peguei quatro dourados, de bom tamanho.

O guarda, porém, com muita arrogância e querendo mostrar serviço, disse:

- Eu posso muito bem deter o Senhor. Posso levá-lo até à delegacia e instaurar inquérito policial. Será processado e até mesmo condenado. Vou fazer uma grande multa, pois está cometendo crime ambiental e a pena não é pouca. Por acaso o Senhor tem algo a dizer?

- Sim Doutor. (Neste momento, "Já Foi" não compreendia mais nada. As provas estão todas contra ele. Poderia dormir na cadeia. Fugir, naquele momento, era impossível, pois os policiais estavam todos armados e sobretudo tinham um veículo a favor deles. Pensou mais uma vez, mas ficou um pouco confuso, porque o sargento insistia em procurar provas para incriminá-lo).

- Olha, Dr. O Senhor está certo. Eu estou errado em pescar no período proibido. Olha, os peixes estão todos assanhados. São muitos. A estrada passa ali perto. Onde eu peguei estes, ainda têm mais duas bolsas com cinco dourados em cada uma. Os senhores podem ficar com tudo isso, já que elas são provas contra mim, porque vou buscar as outras duas bolsas que estão lá no rio. Volto em cinco minutos.

- Quer dizer que tem mais? Berrando, disse o sargento.

- Sim, Senhor "pulíça".

- Podem me aguardar.

- Vá depressa e não faça demora.

"Já Foi", no piscar de olhos, já saia correndo e se embrenhando estrada e mata a fora, saiu correndo, escondendo-se em algum lugar. Como era muito esperto e conhecia toda aquela região, saiu por outro lugar e rapidamente chegou em casa.

- Mulher, se me procurarem, diga que eu não estou. Estou pescando.

- Vou esconder-me na casa de sua mãe, porque deixei quatro policiais do meio ambiente me esperando, perto do rio, para entregar-lhes as duas bolsas de peixe. Só que não existem peixes e eu os enganei.

Por um bom tempo, os quatro policiais ficaram esperando por "Já Foi". Chegou perto da meia-noite e nada de "Já Foi" chegar. Resolveram ir embora e até hoje estão esperando as duas bolsas de peixe.

Que lindo momento para ser vivido e ser relembrado a cada momento.

Naquela manhã, por volta das dez horas, em lugar consagrado pela beleza natural, entre árvores de coqueiros, onde alguns pássaros cantarolavam uma linda canção, não uma canção qualquer, mas uma melodia rica de detalhes, porque as notas musicais se espalhavam e se traduziam um lindo som, que era regido pelo maestro natural dos pássaros, sem nenhuma desafinação.

No céu, algumas nuvens se formavam. Não era o prenúncio de chuva, mas uma pequena formação de ventos vinda do oceano e cobria os raios de sol, que timidamente saiam aos poucos. Ora se aqueciam, ora gelavam a paisagem. Uma pequena relva cobria um dos poucos gramados do local. Ao fundo, percebia-se que um nevoeiro pairava sobre algumas árvores altas, ainda pouco visto. As folhas das árvores guardavam uma fina camada de poeira, porque o período chuvoso ainda não chegou e a poeira vinda de uma estrada distanciada de alguns metros cobria aquela vegetação.

Na parte destinada ao estacionamento de veículos, um automóvel iniciava a aproximação. Fazia seu condutor algumas manobras rápidas. Observava-se que ele ainda era um pouco inexperiente na direção, porque em um grande espaço precisou de um longo intervalo de tempo para manobrar. Era ainda jovem aparentando uns dezenove anos. Talvez tenha obtido sua permissão para dirigir há alguns dias, pois sentia-se trêmulo e seus olhos fitavam constantemente à frente do veículo. Estava nervoso e apreensivo pela tarefa de transportar uma noiva, uma mulher na flor da idade que estava prestes a entregar e dizer sim ao tão sonhado e encantado casamento.

Um momento tão delicado e apreensivo. A equipe de filmagem dá alguns passos mais rápidos, para não dizer que iniciava uma grande correria. Alguns fotógrafos erguiam suas importadas máquinas de fotografias à procura de um melhor ângulo. Eram muitos.

Um pequeno silêncio e um som harmonizado dos convidados presentes na plateia.

Ouve-se o som forte de um instrumento musical. Seriam dois, três, quatro, até mesmo cinco. Violinos, violas, talvez uma pequena orquestra. As notas soavam fortes, graves, agudas e até mesmo estridentes. Era a canção do amor: A Grande Marcha Nupcial, a música de entrada da noiva.

Com um sorriso nos lábios que se misturava ao batom vermelho, bem forte. Os lindos e branquíssimos dentes faziam parte daquele lindo sorriso. Sua face modificava a cada momento. Era felicidade para dizer o tão sonhado e prestes, a ser realizado, o sonho de suas núpcias. O casamento era o seu almejo. Bastaria uma pequena palavra: Sim.

De tanta felicidade ao ser vista como rainha, as flores, os convidados, os fotógrafos, a equipe de filmagem, ela estica um pouco seu pescoço e vê, a poucos metros de si, o seu maior presente, a sua maior riqueza e a felicidade de seu noivo. Aquela pessoa que jurará amor, carinho, bondade, honra, respeito em todos os momentos de sua vida. Enfim, uma pequena lágrima escoa de seus lindos e negros olhos. Era a lágrima da felicidade de ser a eterna noiva.

Para meu melhor amigo

Se você estiver triste, não se desanime,
> Porque virão alegrias.
Se você estiver cansado, não se desanime,
> Porque haverá alegria para seu descanso.
Se você estiver sonolento, não se desanime,
> Porque haverá uma noite para dormir.
Se você estiver chorando, não se desanime,
> Porque haverá um momento para sorrir.
Se você estiver bêbado, não se desanime,
> Porque sua ressaca passará.
Se você estiver com fome, não se desanime,
> Porque haverá alimento para lhe satisfazer.
Se você estiver preso, não se desanime,
> Porque um dia terá a liberdade.
Se você não se entristecer,
Se você não se cansar,
Se você não se tornar sonolento,
Se você não chorar,
Se você não beber,
Se você não estiver com fome,
Se você não estiver preso,

> Porque ficar preso dentro de si?
> Porque não se enxergar

para o mundo?

> Porque não pensar

e viver sua família?

> Porque não

amar a Deus?

Estradinha

Para onde vai a estradinha que ficou ali parada. Ficou no tempo ou quem sabe ninguém mais quis passar ali.

Então, a estrada do tempo é semelhante a uma estrada onde se trafega muito. São veículos, são animais e quem sabe algum ser humano que ali faz sua caminhada rumo a um objetivo, mas também rumo ao nada.

Caminhar na forma do direito é sem dúvida estar atento às novas conquistas que se tem, porque a estrada real é a liberdade de ideais, é a liberdade para pensar o que é errado e o que é certo. A liberdade de expressão é a poeira de uma estrada, porque está ali a todo momento. Pensar o que se pode pensar e até mesmo pensar o que não se pode pensar. Assim, recordando o que a estrada ou a estradinha da vida tem a dizer é permanecer nela ali, tão tranquila, tão inocente, mas cheia de surpresas que a liberdade prepara a cada um, mesmo sendo os mais doutos profissionais aos mais simples, pois viver o que se pensa e o que se conquista é a melhor forma de expressão.

Na estradinha poeirenta, onde a paisagem está seca, o verde ainda não chegou, porque aguarda o sinal de partida e pede que a chuva venha o mais rápido possível. É comum viver as alegrias, viver as ideias pensadas e escritas, sejam no consciente ou no papel, mas são ideias, são frutos de uma imaginação perfeita e até mesmo imperfeita, que brota o ego de cada um.

Andar na estradinha é andar no caráter e na alegria de saber que a cada passo uma nova conquista virá. É dizer que a vitória está dentro de cada um e a cada momento o vento poderá soprar um pequeno grãozinho de poeira no olho, mas também poderá concluir o ideal buscado.

Por onde o mundo vai parar

Se a água acabar,
Beberá coca – cola e cerveja.
Ficará barrigudo e embriagado.
Brigará por um gole de água
Mesmo sendo salgada, da praia.
Não lembrará da biologia,
Onde existem fungos e bactérias,
Nem mesmo dirá para alguém onde terá
Água com fartura,
Será segredo, trancado debaixo de sete chaves.
Se perecer agora,
Não verá nada, jamais alguma coisa.
Nem mesmo virá a roupa
Que secará consigo, para sempre,
Não escutará choros,
Nem mesmo o som do celular:
Meu bem, preste atenção.
Aqui é o Ricardo...
Para onde caminhará a humanidade
Se tudo acabar.
Onde estará o feijão,
A macarronada do domingão.
Não existirá o "Faustão",
Nem o Sílvio.
Tudo deserto, frio e medroso.
A lei será esquecida.
Somente a lei do mais forte,
Do valentão, do espertalhão...

Pensando bem

Quem

Vem

Do além,

Sem

Ninguém,

Talvez cem.

Número bem

Maior que vem:

De trem.

Não sabe quem

Criou a estória do bem,

Com medo do mal que tem.

Arruinando a vida de sem

Amor, paixão, coração em

Compartilhar dos cem

Um segredo que vem

Do tempo passado com alguém

Amou e desamou também.

Incerteza

Certa vez o Sr. João Pedro foi convocado para trabalhar como vigia em uma escola pública. Ele já estava quase se aposentando e pouco mais de dois ou três meses o separavam da folga definitiva. Foram muitos anos trabalhado de vigia e mal via a hora de poder encerrar o expediente para sempre. Era questão de dias e mal via o momento para atingir o objetivo.

Em todos os anos de trabalho, ele nunca trabalhou sequer de noite. Estava pronto para qualquer ordem, mas sempre recusou o trabalho noturno. Nas alegações, ele dizia que a noite foi feita para os bichos, para os animais de hábito noturno, para as corujas, para os cães, para os morcegos, enfim, uma vasta categoria de seres que adoram e apreciam o hábito noturno. A esposa e os filhos sempre acreditaram nele e nas alegações ditas. Também dizia que o trabalho noturno era mais prático para os jovens, que estão dispostos a tudo. Ele, porém, já cansado e apesar da idade, sempre gostava de dormir muito. Não gostava do trabalho noturno porque o sono lhe furtava bem cedo. Dormia por volta das vinte horas e às cinco horas do dia já estava acordado. Se trabalhasse à noite, seria um vigia dormindo no posto do trabalho.

Ficou ele triste quando o celular tocou. Já perto de ir para a cama, a voz do chefe lhe disse:

- Sr. João Pedro. Boa noite.

- Aqui é o Fulano. Venho ordená-lo que trabalhe nesta noite de vigia na escola, porque os dois vigias, que são irmãos, que revezam o horário noturno, não poderão comparecer, pois o pai deles, ou seja, eles são irmãos, faleceu tem pouco tempo e terão que ir ao velório. A única pessoa que sobrou foi o Senhor.

- Sei que não gosta de trabalhar à noite. Sabe, são ordens e elas precisam ser cumpridas. A sua aposentadoria está perto e somente hoje o senhor poderá quebrar este favor para nós. Amanhã, vou deslocar outro servidor para a tarefa, até que os dois irmãos voltem da licença nojo.

Sem palavras para dizer, o Sr. João Pedro foi logo dizendo que não podia, mas descumprir a ordem de um superior era motivo de processo e com todos os anos de serviço, ele nunca foi chamado e tomado alguma advertência no trabalho. Era o exemplo de servidor. Nunca chegou um minuto atrasado. Ao contrário, sempre estava ali, presente, de vinte a trinta minutos antes do início.

Desconcentrado e meio nervoso, ele chegou perto da esposa e falou:

- Mulher. Meu coração está doendo muito.

Assustada, a esposa interviu:

- Meu Deus! Eu lhe disse para fazer os exames na semana passada. Você não fez. Será que está passando mal. Vou chamar o nosso filho mais velho para levá-lo ao hospital. Com dores no coração, você não pode ficar.

- Não, mulher. Eu estou muito bem de saúde. Quando disse que o coração estava doendo é porque sinto um grande problema para fazer.

- O chefe ligou agora e disse para eu cobrir a vigilância na escola hoje, agora. O pai dos irmãos Pedro e André (os dois irmãos gêmeos, que são também vigias) morreu. Nenhum deles poderá ir ao trabalho. O Júlio está viajando e o Antônio está de férias. Deve estar na roça dos irmãos. Somente eu restei para este trabalho.

- Eu nunca trabalhei à noite e nem mesmo sei como trabalhar lá. A noite foi feita para os bichos. É para cachorro latindo, é para gato subindo no telhado, mas não foi feita para o meu trabalho. Se eu não for, poderei tomar suspensão por descumprir uma ordem. Queria levar você comigo, mas não poderei. Se você for, também poderei levar comunicado de não cumprimento do dever. Estou com muito sono. Vou passar no bar da esquina e comprar umas garrafas de refrigerante. É para não dormir.

Já se vestindo com as roupas próprias de vigia, João Pedro pediu para a esposa ir até o bar da esquina e comprar os refrigerantes. Pediu para comprar quatro latinhas e uma seria para ela. Assim que ela chegou, ele já caminhava para o trabalho. Foi logo pegando os refrigerantes e disse que uma latinha seria para ela. Voltaria após as seis horas da manhã e ainda iriam para o enterro do falecido.

A noite chegava rapidamente. O céu estava escuro e as estrelas estavam cintilantes. Olhando para cima, a constelação Cruzeiro do Sul estava tão bonita. Via-se a Cão Maior, Escorpião, enfim, observar o universo era tão belo quanto uma boa cama e ouvindo uma musiquinha tocando no rádio. Lá se ia João com o embornal no ombro, uma sacolinha com os refrigerantes e um embrulho de pão de queijo para comer durante a noite.

Chegando ao local do trabalho, entrou e foi fazer as inspeções devidas. Olhou o portão, as janelas, a cantina, a biblioteca, a sala da diretoria, os banheiros, o pátio e a quadra. Tudo estava perfeito. Acionou o alarme e ficou por ali para observar algo diferente. Ligou para esposa e ela já se preparava para deitar. Ligou para os filhos que já eram todos casados e todos estavam bem. Recebeu um telefonema da neta que ria por ele estar trabalhando de noite. Sorriu e disse que era a primeira vez e que breve o dia amanheceria e ele voltaria para o trabalho normal.

A noite ia caminhando a passos bem lentos. A cada momento, João olhava para o relógio. Os segundos estavam tão lentos que mais pareciam horas. De vez em quando ouvia o latido de algum cão. Ouviu vozes dos alunos que chegavam da faculdade. Dos veículos que trafegavam pela rua. Chegou ao portão e a viatura da polícia parou e logo o sargento disse:

- Que surpresa ver o senhor aqui. O que aconteceu?

João contou o que aconteceu e estava muito triste em saber que trabalharia no horário noturno. Era muita decepção, mas são coisas da vida e a cada momento uma surpresa surge na vida do cidadão.

Despediu dos policiais e voltou novamente para dentro.

Era silêncio profundo. Estava tão calmo o ambiente que João pensou em sentar no passeio e ficar observando o céu. A noite estava muito linda e mal podia observar e vinha a vontade de fazer versos. Ele escrevia alguns versos e foi homenageado naquela mesma escola no ano passado. Tirou fotos com os alunos. Falou da importância da leitura e declamou vários de seus poemas. Sorria profundamente e a alegria se transforma em tristeza quando se sentia, ali, sozinho, vigiando a escola, naquela noite.

Pensou em sentar no passeio, mas não quis, pois já tinha trabalhado o dia todo e se sentasse, poderia vir o sono e ele dormiria. Não lhe restou outra solução a não ser ir à cantina e pegar as latinhas de refrigerante. Caminhando, ele as bebeu tranquilamente e lembrava da família. Na esposa que lá estava sozinha, nas netas, nos filhos, nos genros e noras. Sorria internamente, mas sempre atento às anormalidades que ali existiam.

Estava tudo perfeito e o relógio não andava direito. Era mais ou menos perto da meia noite, quando João lembrou de um conto de fantasma escrito por um recém escritor. Sorriu e disse que não existia nada, nem mesmo fantasma, gente que já morreu, alma penada que descia e até mesmo sons estranhos. Caminha tranquilo.

Resolveu voltar à cantina. Seu corpo teve alguns arrepios quando se aproximou e, simplesmente, a luz apagou, deixando-o completamente ao breu. Com o celular, foi até o apagador e o ascendeu novamente. Saiu de novo e mais uma vez teve vários arrepios. A luz novamente se apagou. Voltou novamente e a ascendeu.

Foi ao banheiro e quando fazia as necessidades, mais uma vez o corpo se arrepiou e novamente a luz apagou. Desta vez foi a luz do banheiro. Meio desconcentrado e se sentindo um pouco apavorado, novamente ele acendeu a luz.

Saiu do banheiro e quando subia as escadas, sentiu que um vento muito frio o envolvia. Ficou preocupado, porque era verão e fazia muito calor. Os pelos e o cabelo sentiram algo e um calafrio cobriu o corpo todo.

Fortemente gritou:

- O que é isto?

- Quem está aqui?

Mais um calafrio lhe cobriu o corpo. No fundo, logo abaixo do canteiro onde haviam várias rosas plantadas, uma voz trêmula, quase impercebível disse:

- Eu.

- Não quero assustar você. Eu morri há vários anos. Fui funcionária desta escola por muitos anos. Eu me suicidei porque os problemas da vida me obrigaram a isto. Não fui aceita nem no céu e nem no inferno. Estou precisando de ajuda.

Ao ouvir aquela voz trêmula dizendo as frases, João não acreditava. A voz, assim prosseguiu:

- Eu morri aqui, perto das rosas. Elas são o meu consolo. Pus uma corda lá do alto da madeira da trava do telhado. Fiz um nó e pulei. Da primeira vez, a corda desamarrou e não completei o serviço. Fiz mais uma vez e deu certo. Morri e passei todas as provações possíveis.

- Vi minha família toda destruída com minha morte.

- Não tive vida após a morte. Não fui aceita no céu e nem mesmo no inferno. Todos me recusaram e sempre faziam crítica. Fico perto da roseira e vendo as rosas vinte quatro horas por dia. Fui sentenciada a ficar aqui por mais vinte e cinco anos. Julgou-me que eu morreria a trinta anos após o que eu fiz. Já tem cinco anos e estou cansada de ficar conversando com as rosas. Eu sempre falo e elas nunca dizem nada para mim. Quero conversar com você.

As pernas de João tremiam e ele não tinha nenhuma força para correr ou se defender. A voz, mais uma vez dizia:

- Eu trabalhava aqui de cozinheira. Fui muito bonita e todos me desejavam. Namorei às escondidas com o diretor da escola, o secretário, alguns professores. Estou carente e depois que morri nunca mais abracei e beijei ninguém. Estou muito carente e escolhi você para satisfazer meus desejos. Aproximo lentamente de você.

João sentia-se o frio aproximar dele e envolvendo seu corpo. Não tinha forças para gritar, para xingar e muito menos se defender.

Em um instante, a coragem apareceu e João saiu correndo e gritando. Pulou o portão e rapidamente chegou em casa e contou tudo para a esposa. No outro dia, pediu a esposa para pegar os pertences e foi ao departamento pessoal e contou tudo o que aconteceu.

Então, mediante tudo isto, João recebeu a notícia de que sua aposentadoria havia saído. Ficou feliz com a aposentadoria, mas ficou triste em lembrar do que aconteceu naquela noite. Mais triste ficou ainda em saber que não pode cumprir a tarefa de um bom profissional.

Chegando em casa, contou à esposa a decisão da aposentadoria. A esposa lhe deu um forte abraço e disse em voz bem baixinha aos ouvidos:

- Você é um verdadeiro homem. Você é sério e nem mesmo me traiu com um fantasma suicida. Eu me orgulho de tê-lo como marido, como pai de meus filhos e como um verdadeiro homem. Obrigado.

Pescaria

Final de tarde de sábado. Lá na ponte do Rio da Mortes, por volta das quatro horas da tarde, encontrava-se um grupo de amigos. Eram umas oito pessoas. Todos trabalhadores, que durante a semana tinham os afazeres. Um era médico, outro, fazendeiro, outro, funcionário público, outro, dentista, outro, contador, outro, aposentado, outro, vereador e o último, um experiente pescador profissional, mas já havia aposentado há quatro meses.

A merenda ficou por conta do dentista, que foi até à padaria e comprou rosca, pão de queijo, coca – cola, pão com salame e presunto, água mineral, enfim, uma caixa de matulas que serviria para o dia todo. As iscas ficaram por conta da experiência do pescador, que foi ao açougue do Tião e comprou tripas, massinhas e outras disponíveis para o bom e belo momento do grupo. As varetas e os anzóis ficaram por conta do funcionário público.

No dia anterior, combinaram o horário de chegada.

O dia estava um pouco quente. O sol brilhava e se escondia entre nuvens a todo instante. Uma fina camada de névoa ainda era vista pela manhã e era consequência do fenômeno climático, pois era outono e o prenúncio da estação inverno. Lá se via e ouvia o cântico dos pássaros voando pelas árvores. Ouvia-se o barulho das águas escorrendo sobre algumas pedras e sentia-se ondas, dentro da água, de alguns peixes que se aventuravam a saltar sobre o rio. Não se sabe se saltavam para ver se tinham alguns pescadores ou se eram momentos íntimos deles.

Na hora marcada, iam chegando os componentes do grupo. Um a um, os veículos iam estacionando beira rio. Primeiro foi o médico, que saiu às pressas do plantão e mal teve tempo de ir para casa. Foi logo saindo e, perto da ponte, trocou de roupa e colocou a bermuda, a bota, a camisa e o chapéu mexicano. Foi motivo de risos entre os colegas.

O funcionário público chegou e logo foi armando o material. Tinha pressa e disse que o Arnaldo pegou um grande peixe chamado dourado. Pesou entre quatorze e quinze quilos. O contador chegou cansado e disse que no dia anterior fez muitas declarações de imposto de renda. Estava exausto e disse para não contar muito com ele. A cabeça doía, os braços estavam dormentes e o corpo estava com câimbra. Então, o pescador aposentado, com toda a experiência, clamou:

- Vamos, vamos minha turma.

- Hoje o rio está para muito peixe. Posso sentir que o calor está meio forte. A temperatura da água está propícia para muito peixe. Quem sabe vamos pegar um grande dourado. Caso isto aconteça, vamos assá-lo e devorá-lo regado de muita cerveja, pinga e muita música caipira tocada de viola e sanfona.

- É isto aí.

- Vamos começar.

Ao som dos anzóis caindo sobre as águas, ouvia-se o barulho, os risos e os gritos da moçada. Uns cantavam, outros riam e a manhã estava iniciando. Era somente alegria entre o grupo.

Uma velha e linda canção era ouvida através do pescador aposentado. Uma música que se iniciava mais ou menos assim: "Tirei um dia de soro, cabana meditada..."

- Canta outra, amigo, dizia um.

- Que nada, a "Fio de cabelo" é mais bonita e sente um amor profundo. Lembra de quando eu conheci a Tereza.

- Você é muito romântico. Eu gosto é da velha brilhantina.

- Tem coroa aqui que não acaba mais.

- Sou mais flexível e gosto de tango, música clássica e até balé.

- Cuidado com este tipo de dança, vamos pensar outra coisa de você.

Ao som de carros que trafegavam sobre a ponte e das conversas entre eles, a manhã ia passando. Já se passavam das onze horas e nenhum peixe aventurou em ir ao encontro dos anzóis. O sol esquentava ainda mais e o jeito era comer as matulas. De vez em quando o sol se escondia entre as nuvens. Um pássaro voava por sobre eles e cantava ao longe. Deveria estar rindo e caçoando deles. Era normal. Muitos risos e piadas eram contadas. O médico contou que teve que fazer um parto às pressas e que a criança nasceu dando chutes para todos os lados. O dentista falou que ia viajar na semana seguinte. Seria padrinho de casamento do próprio irmão. Assim, a manhã seguia.

- Venham até aqui, disse alguém.

- Olhe lá no fundo. Vejam as ondas se formando. No barranco, quatro capivaras estão nadando. É uma família. O macho, a fêmea e dois filhotes. Já deram cinco mergulhos. É muito bonito. A natureza revela o mais extraordinário possível e a riqueza de sua flora e fauna.

Eles apreciaram tudo ali, silenciosos e esqueceram um pouco do que estavam vendo e fazendo. O silêncio deles foi quebrado com a chegada do prefeito. Disse, em voz de brincadeira:

- Está dando peixe aí?

Uma voz, bem delicada e ao tom de zombar, disse, meio mole?

- Não, nem um simples lambari. Já vimos pássaros, capivara, peixe pulando sobre as águas, mas nenhum peixe quis morder a isca.

Riram muito e os cumprimentos foram dados. Porém, o prefeito se retirou. Ele estava indo a um compromisso na zona rural do município.

O tempo ia passando e nada de pegar peixe. De vez em quando, algum comia a isca e eram postas novas iscas.

Já cansados e nada, alguns já queriam ir embora, mas o pescador insistia para ficarem. Na parte da tarde era o melhor horário para o peixe chegar. De repente, uma vara começa a balançar. Outra também começa e assim, todas as que estavam em espera se movimentam. Foi uma correria. Cada um pegando a sua vara e dando os procedimentos de fisgada. É um dourado bem grande. Ele está pulando sobre a água. Vamos...

Meia hora, eles estavam lutando com o peixe. Um pequeno inconveniente: o peixe foi fisgado na vara de um, mas foi bastante inteligente e foi passando por outras varas, fazendo com que os anzóis se misturassem entre si e dando a impressão que todos puxassem ao mesmo tempo.

No final das contas, quando tiram os anzóis, estes estavam todos enrolados uns aos outros e o peixe escapou. Era de mais ou menos uns dezoito quilos. Foi embora e restou água na boca dos pescadores.

Desolados e tristes, tiveram que cortar os anzóis e prometeram que na semana seguinte pegariam o peixe fujão.

Fantasma do natal

Já era esperado. Quase todos os dias, nos meses de novembro e dezembro dos últimos três anos, ninguém conseguia ficar ou passar perto do cemitério da cidade, entre vinte e vinte quatro horas, sem correr de medo, esconder e se proteger, porque pedras eram atiradas.

À frente do portão, tem uma linda praça, com bancos em madeira, canteiros de flores entre rosas, margaridas, lírios e outras. O piso é todo de ladrilho com vários tipos de desenhos geométricos, que mais imitam uma forma de pensar como é o fim do ser humano. Algumas árvores foram plantadas há anos e nos troncos foram adaptados bancos de cimento a sua volta. A iluminação não era muito boa, pois o arquiteto fez um projeto de pouca iluminação, pois queria mostrar que o local era sagrado e dedicado aos entes queridos que partiram para uma nova jornada. Assim, com todo respeito necessário, quis ele mostrar o respeito e projetou o local com pouca luz.

Nos finais de semana era muito frequente alguns casais de namorados irem sentar na praça. Era um local tranquilo e pouco iluminado. Vários amores foram feitos ali, com bom sentido da expressão. Vários beijos e abraços e um bom local para conversas. A paz era quebrada nos meses de novembro e dezembro. Ninguém sabia o que passava naquele período.

Véspera do dia de Finados, à noite, João e Márcia foram repousar na praça. Estavam noivos e o casamento estava marcado para o dia quinze do mesmo mês. Sentaram-se e foram fazer os planos da festa, da filmagem, das fotografias e outros afazeres. A casa já estava toda mobilhada e felizes estavam até que uma pedrada acertou a cabeça de João. Com a cabeça ensanguentada, teve que ir ao hospital e recebeu uns oito pontos na cabeça. O problema que ele era meio careca e no dia do casamento foi preciso usar um gorrinho para esconder a cicatriz recente dos pontos.

O padeiro saiu mais cedo da padaria. Foi dia de pagamento e sentou no banco para fazer as contas do que devia. Não viu mais nada, a não ser um vizinho que o socorreu e o levou ao hospital. Tinha tomado uma pedrada no rosto e quase o olho foi perfurado.

O coveiro ficou assustado. Ele não tinha medo, mas ao voltar de um sepultamento noturno, foi logo surpreendido por duas pedras que caíram perto do carrinho. Olhou para os lados e não viu nada, nem mesmo nenhuma movimentação. Não sabia de onde tais pedras estavam vindo.

Dona Iolanda, uma senhora cheia de vida, apesar da idade, gostava de fazer as caminhadas na pracinha. Da última vez, recebeu uma pedrada nas costas e de susto, caiu, vindo a quebrar o braço.

Estava difícil, porque quase todos os dias tinham notícias de pedradas na praça.

Macarrão, apelido de um jovem poeta, sempre levava o computador pessoal para escrever seus poemas. No domingo, por volta das nove horas da noite, uma pedra danificou a tela e o prejuízo foi grande: Teve de comprar outro, a um alto preço.

O casal de velhinhos que morava próximo não sentava ali nas noites quentes, pois a qualquer momento eles receberiam pedradas.

O fato já estava difícil. Os moradores, ao redor, mais os frequentadores do local, foram ter audiência com o prefeito e o comando da polícia. Todos queriam uma solução. Um jornal da cidade próxima sempre noticiava o ataque das pedras. O editor foi uma noite ao local para fazer uma reportagem. Mal chegou, enquanto preparava a máquina fotográfica, ouviu um barulho e o para – brisa do veículo foi quebrado. Com muita raiva foi embora e não quis saber de retornar. Mandava sempre uma repórter que ficava com medo. Ela chamou o coveiro para acompanhá-la. Com tanta amizade entre ela e o coveiro, passaram a namorar duas semanas seguintes.

O Pedro tinha um caso extraconjugal. Por volta das dez horas da noite, ele parou o veículo na praça para esperar a amante. Ela estudava no colégio. Ao entrar no veículo, a moça foi alvo de uma pedra no olho. Desesperado, ele a levou ao hospital, mas esqueceu de que a esposa era enfermeira. Quando falou que estava com a moça, a esposa escutou e foi um problema. Parece que ouve divórcio.

O vigário resolveu ir pessoalmente lá. Munido de água benta, com o coroinha queimando incenso. Foi acompanhado do sargento da polícia. Quando iniciaram a oração, foram recebidos por duas pedras. Uma acetou o braço do coroinha que deixou a vasilha com incenso e as brasas caírem. Coitadinho, queimou o a ponta do dedão do pé.

Passados estes meses, tudo voltava ao normal. Nos meses seguintes, namorados frequentavam o local. Pessoas faziam caminhadas e tudo era paz. O problema era nos meses de novembro e dezembro dos dois anos. Ninguém conseguia desvendar nada.

No ano seguinte, a mesma coisa acontecia. Nada de desvendar.

O padre chamou o bispo. O prefeito chamou o delegado e poucas conclusões a respeito.

A população passou a dizer nas redes sociais que o fantasma era de final de ano. Tiveram dois seguidores que deram ideia para colocar presente de natal para o fantasma das pedras. Uns diziam que poderia ser um par de tênis, outros, cesta de natal. Se fosse fantasma fêmea, a presentearia com sapatos, roupas da moda, enfim, um grande bate papo surgiu pela internet e nas ruas da cidade.

No mês de junho era realizada uma festa nas imediações da praça. Os organizadores ficavam alertas, pois poderiam ver pedras sendo arremessadas. Assim decorria o ano até a chegada dos meses de novembro e dezembro de cada ano.

O tempo passou. Junho, julho e setembro. O mês de outubro chegou e junto, as flores de frutas da região cresceram e transformaram em frutos. Peras, jabuticabas, pêssegos e mangas.

Antônio era jardineiro da prefeitura. A casa dele era encostada no cemitério. No quintal do vizinho tinham dois pés de mangas. Muito bonitas e de qualidade diferente das demais. Quando era o mês de novembro e dezembro, as mangas amadureciam. Com medo de pedir mangas para o vizinho, Antônio, no período entre vinte e vinte e quatro horas, quando o vizinho estava ausente, pois era professor na faculdade da cidade vizinha e morava sozinho, Antônio jogava pedras para derrubar as mangas. Os pés de mangas eram próximos à praça e tais pedras caiam lá, causando medo, ferindo pessoas e a cidade achava que era o fantasma do Natal.

Vamos dançar?

A mais linda canção
Uma que toca o coração.
Poderá ser uma romântica
Quem dará uma dica.
Um bolero, ao som da orquestra
Britânica, russa, quem sabe a brasileira.
Um belo tango argentino
Talvez um rock da pesada.
A música brasileira
Romântica,
Lenta,
Suave.
Um forte abraço, um beijo,
Uma noite de amor
Ao som da mais linda canção,
Aquela que veio de dentro do coração.
Vamos dançar um bolero
Mais lindo que samba,
Vamos remexer a estrutura,
Lembrar que um dia dançamos
A mais e bela canção,
Vamos, logo, dançar...

Na funerária

Marcos é um sujeito muito bem quisto pela sociedade. Sempre está disposto a ajudar alguém de alguma forma. Por suas atitudes de caridade, foi eleito vereador pela cidade e foi conduzido ao cargo com o maior índice de votos da população. Em todos os lugares está ele, sempre pronto e levando algumas mensagens aos que ali estão.

Gilberto é um próspero comerciante da cidade. Muito folgado financeiramente e possuidor de um grande patrimônio. É, sem dúvida, considerado um grande pão duro, ou seja, um indivíduo que faz contas de centavo por centavo. É um sujeito que não come banana para não jogar a casca fora. É considerado um "Tio Patinhas" da cidade. Mora em uma casa velha, possui um automóvel velho, veste roupas velhas e não se sabe quando comprou uma nova roupa. Enfim, é uma pessoa que se preocupa somente com o financeiro. Possui aplicações nas bolsas de valores, é acionista de empresas, dono de colégio na capital, então, um grande investidor.

Certa vez, Gilberto fez uma viagem e conheceu o Sr. Pedro, uma pessoa humilde, de coração puro. Aposentado e sem família. Grande foi a amizade dos dois que Gilberto o trouxe para cuidar da casa. Fazia limpeza, capinava, plantava verduras, frutas, cuidava das poucas vacas da fazenda, vendia e fazia queijos. Era um mordomo de Gilberto e sempre estava pronto para o que viesse.

Era final de semana. Fazia um pouco de calor. Gilberto chegou de viagem e foi direto para a roça. No caminho, encontrou Marcos que fazia caminhada. Parou o automóvel e foi logo conversando:

- Meu bom e velho amigo. Quanto tempo não lhe vejo. Estou chegando de viagem e vou até a fazenda. O Pedro deve estar me esperando. Hoje é dia do pagamento dele. Sempre, ele recebe e vai para a cidade fazer as compras. Se você permitir, vamos até lá e depois eu lhe empresto o carro para você voltar e levá-lo para as compras.

Marcos não sabia falar mentira, nem mesmo na política. Era honesto e verdadeiro.

- Com todo prazer, meu amigo.

- Seguirei consigo até à fazenda. Trago o Sr. Pedro e depois retornarei. Convidarei a minha esposa para irmos dormir na sua fazenda.

- Será que jantaremos um franguinho caipira com quiabo?

- É claro, meu amigo. Apesar do meu cansaço, vou fazer um grande e gigante frango. Ficará muito bom.

Sorrindo, seguiram a caminho da fazenda. No caminho viram pássaros, vacas, bezerros e outros animais do vizinho. Chegaram a fazer alguns comentários do preço da arroba do boi, do custo da produção de ração, na criação de mais pastagens. Uma longa e aprofundada conversa entre os dois.

Após uns dez a quinze minutos, chegaram à fazenda. Pedro não veio encontrar com eles, conforme era o costume. Achando meio estranho, perceberam que a casa estava ainda fechada, como se estivesse esperando a chegada da noite. Olhou por todos os lados e não se via nenhum sinal do caseiro Pedro.

- Pedro, Pedro, gritava Gilberto, com voz bem alta.

Nenhuma resposta ao chamado.

- Pedro, Pedro, insistia. Agora eram os dois gritando ao mesmo tempo.

Mais uma vez estava tudo em silêncio. Ouvia-se o eco dos gritos deles, mas Pedro não respondia, nem mesmo dava sinais de dentro da casa.

- Será que o homem foi embora? Será que está no vizinho e deixou a casa fechada?

A estas perguntas, Gilberto questionava com o colega e este mantinha-se quieto. Não falava nada, nem mesmo dava as devidas respostas. Percebe que os pés de Marcos suavam, juntamente com as mãos. Era clara a expressão facial de que ele estava com medo. Não demonstrava, mas percebia-se com toda nitidez o medo pairando no rosto do vereador.

- Vamos, amigo, vamos ver o motivo do não aparecimento dele aqui.

Imediatamente, dos dois desceram e Gilberto foi à frente abrindo a casa. O vereador ficava mais para trás e parecia que algo lhe afastava cada vez mais. Os pés e mãos suavam e a vontade era de correr de medo. Pensava pelo pior e se o homem estivesse morto por mais de cinco dias, um dia, dois, a cabeça sempre passava piores situações.

- Venha aqui depressa, meu amigo. Uma voz forte e medrosa.

- O Pedro está morto, na minha cama. Venha ver, venha depressa.

- Eu não. Não gosto de ver gente morta. Tenho pavor. Eu vou embora, vou correndo...

- Que sujeito medroso é você. Onde está sua coragem?

- Ela ficou em casa, há muito tempo.

Desta forma, Marcos tentava o máximo para não entrar no quarto. Estava escrito no rosto que ele tinha medo, principalmente de pessoas mortas. Nos velórios em que ia, ele cumprimentava as pessoas, os familiares, mas nunca olhava para o defunto preso ao caixão. Diversas vezes, ele fechava os olhos e ia esquivando aos poucos.

- Vamos, chame a polícia e a funerária, murmurava Gilberto, bastante apavorado e com certo receio.

Marcos, porém, ficava ali parado. Não tinha nenhuma disposição para fazer nada, nem mesmo ligar para a polícia. Tão menos dar um passo. As pernas, as mãos, os braços, os pés; todo o corpo tremia de medo.

Gilberto saiu da casa e logo chegaram a polícia e a funerária. Foram entrando e com pouco momento, o caixão entrava na casa e o corpo de Pedro já estava dentro, indo direto para a funerária. Não se sabe como, Marcos entrou no carro da funerária e foi lado a lado com o caixão. Marcos estava bobado e nada que falasse com ele tinha sentido. Chegaram e logo foram preparando o corpo para o enterro.

- Sr. Sargento. Como vou proceder. Estava viajando e cheguei. Vim com o amigo aqui e encontramos o corpo de Pedro.

- Ele não tem família. Veio da região nordeste. É aposentado, era muito honesto, muito trabalhador. E agora, como faço?

- Fique tranquilo, Sr. Gilberto. Sabemos que a cidade é pequena e qualquer notícia que vá contra o senhor será fatal a seus negócios.

- Vá agora para a cidade de origem dele. Faça todos os preparativos para o sepultamento.

- O corpo será preparado para o enterro. O Marcos ficará tomando conta dele aqui na funerária e por volta da meia noite, quando não estiver mais movimento na cidade, eu, o Marcos e o motorista da funerária vamos levá-lo para a cidade. Chegaremos lá ao anoitecer e sepultaremos o Sr. Pedro, como ser humano, digno de toda honra e agradecimento.

Gilberto concordou com a iniciativa do sargento e partiu para a cidade. Não foi de carro, mas fretou um avião que o levaria para a cidade perto da cidade natal de Pedro. Chegando lá, alugou um veículo e foi fazer os preparativos.

Júlio era o motorista da funerária. Disse em voz alta para Marcos:

- Eu preciso ir fazer alguns reparos no carro, pois a viagem é longa e sem os reparos necessários, poderemos ficar no caminho. Vou sair e você ficará aqui, vigiando o defunto. Vou aproveitar e passar em sua casa e contarei tudo para sua esposa.

Júlio saiu. Fechou a funerária e Marcos ficou ali, olhando para o cadáver. O medo era constante.

Marcos olhava para o caixão de Pedro. Os olhos não queriam ver, as mãos não mexiam, os pés estavam gelados. O medo e o pavor eram constantes. Não tinha nenhuma alternativa a não ser ficar ali, parado olhando o corpo de Pedro, todo enfeitado de cravos amarelos, um terço nas mãos, um terno de cor preta, com gravata azul, camisa branca, algodão no nariz, os olhos bem fechados. Era tudo o que ele não queria ver.

O tempo foi passando e nada de Júlio chegar. Em um momento, ouviu-se a tampa do caixão caindo, porque estava perto da janela e o vento a derrubou. Neste momento, Marcos ganhou forças e saiu correndo. Arrebentou a porta, saiu cambaleando, meio ensanguentado e corria pela rua até a sua casa. Lá chegou e encontrou Júlio dizendo que Marcos ia viajar. A esposa, já sabendo do medo do marido, disse apenas que Júlio errou e Marcos ia diretamente para o hospital.

O defunto e o companheiro

Era tarde de domingo. Início de inverno. O sol começa a se pôr no horizonte. João Feliciano estava sentado na praça, que ficava de frente a uma funerária. Ele era uma pessoa muito bondosa e muito respeitada na cidade. Com o sorriso gaiato, sempre feliz, ficava ali todos os dias e sempre tinha alguma conversa com quem passasse.

Neste dia, por causa do vento frio e a temperatura caindo drasticamente, não passou ninguém e os que ali transitavam, estavam apressados, indo diretamente para suas casas. João estava triste, pois havia preparado uma longa conversa com quem que ali chegasse, mas, até o momento, nem uma alma viva. Somente solidão pairava ali. O jornal lavado por ele foi lido várias vezes, apesar de ter poucas páginas, mais ou menos umas oito folhas. Ele já ia desanimando, quando do outro lado da rua ouviu uma voz meio fraca, mas que o chamava várias vezes:

- Sr. João, Sr. João.

Era a funcionária da funerária local. Ela recebeu um chamado de que a filha não estava passando bem e precisava levá-la até o pronto-socorro. O patrão estava viajando e não tinha outra pessoa para ficar ali. Um novo corpo havia sido preparado e aguardava o veículo para transportá-lo até a cidade de origem, que ficava a mais de trezentos quilômetros do local. Era um jovem dentista que faleceu de acidente de motocicleta. Tinha apenas vinte quatro anos e muita amizade na cidade.

Meio desgovernado e pego de surpresa, Sr. João ficou apreensivo e pensava consigo mesmo porque havia sido ele, o escolhido, para ficar ali, junto a um corpo, em pleno final de dia e mais ainda no domingo. Gostava de ir à missa das dezenove horas. Dizer não a uma jovem mãe, muito conhecida e tentando resolver um pequeno problema de saúde, seria falta de educação e muita falta de afeto.

- Pronto, Dona Márcia. Estou aqui. Em que posso ajudar-lhe?

Com a voz mansa e muito educada, aquelas frases ressoavam alívio à funcionária. Ela poderia levar a filha ao médico e ainda saborear a noite, pois estava cansada e fez muito plantão na funerária. Estava cansada e não via o momento para deixar o trabalho. O patrão logo chegaria e se encarregaria de despachar o defunto.

- Sr. João. Preciso de um pequeno favor.

- Pois não, minha grande amiga. Respondia João.

- Olhe. Minha filha está com febre e dor de cabeça. Deve ser a sinusite que a atacou. Vou levá-la ao médico. Não vai demorar muito. O Sr. Pedro, o patrão, estará chegando dentro de uma hora ou mais. Preciso que o Senhor fique aqui, fazendo companhia a este lindo e fresco defunto. Não precisa muito ficar perto. Ele já está preparado e o carro virá buscá-lo daqui a pouco. Será que o Senhor poderia me ajudar?

Como dizer um não a uma pessoa tão bondosa, tão educada e que precisava de um apoio no momento tão difícil da vida. Então, raciocinando e sem palavras para dizer, ele, com um pequeno gesto de balançar a cabeça, disse:

- Com todo o prazer, minha Senhora.

- Ficarei aqui até a chegada do pessoal. Se o carro vier primeiro que o Pedro, eu faço o despacho e assino a papelada.

- O Senhor é um amor, é meu príncipe...

Com um beijo no rosto e um forte abraço, Márcia se despede de João e sai toda apressada. Ao dobrar a esquina, vira para o lado de trás e lança um beijo com as mãos na direção de João, que fica todo saliente e emocionado com o agrado recebido.

O tempo vai passando. A tarde vai dando lugar à noite, que violentamente se aproxima. São mais de dezoito horas e os ponteiros caminham para às dezenove horas. As pessoas vão passando perto da funerária em direção à igreja, pois a missa já está prestes a iniciar.

- Boa noite, Sr. João.

- Boa noite, Dona Terezinha, como vai?

- Vamos à missa, pois está quase no horário. Por que o Senhor não vem?

Desta forma, as pessoas, os conhecidos e os amigos passavam perto de João e lhe faziam várias perguntas. Muitas delas achavam estranho porque estaria ele ali, na porta da funerária e não ir à missa. Seria que algum parente havia falecido ou ele estaria ali para cumprir a missão de ser tão generoso para com as pessoas e estar "quebrando um galho" para alguém.

A missa acabou e novamente as pessoas passavam perto da funerária e João continuava ali. Faziam as mesmas perguntas e ele respondia que estava ajudando a amiga até que o carro chegasse ou que o dono também chegasse.

Soaram nove badaladas no relógio da igreja, dez, onze. Eram vinte e três horas e mais alguns minutos. Nem o veículo, nem o dono da funerária chegava. As mãos começavam a suar frio. As pernas mal conseguiam ficar erguidas. Andava ele para um lado e para o outro. O vento frio iniciava a cada minuto mais gelado. Os cabelos sentiam o toque o vento. Os pés davam início de caibras, mas ele andava de ou lado para o outro. O frio apertava cada vez mais e ficar ali tornava-se impossível para ele, que era um senhor de mais sessenta anos. Solteiro e aposentado como professor. Morava sozinho e a única irmã morava no interior do Estado de São Paulo. Se ficasse doente, teria que se internar no hospital e ficar por lá bastante tempo. Desde que Márcia saiu, ele não entrou dentro da funerária, parece que tinha algo que o deixa confuso. Concluindo, ele tinha medo de ficar lado a lado com defunto. Então, pensou e disse, em voz baixa:

- Não me resta outra coisa a não ser ir para dentro. Pelo menos lá estará mais quente, porque aqui de fora, o frio não está nada bom.

Ao entrar, viu o jovem defunto todo arrumado. Sentou perto e fez algumas orações para a alma dele. Rezou várias vezes e refletiu a vida dos vivos. Pensando bem, ontem, ele ainda trabalhou, ganhou dinheiro e hoje está aqui totalmente imóvel, feito uma pedra, um ser sem vida, sem carinho, sem amor. Fará muita falta aos pacientes. Falando baixinho, disse:

- Como pode um jovem morrer de forma trágica assim. Um rapaz bonito, cheio de vida, cheio de dinheiro, com uma linda e esculpida namorada, com carro de luxo, com uma boa conta bancária e mais bens, deixar o mundo tão rápido.

- Imagine o que a família pensa neste momento.

- Chorar, cada vez mais chorar, é o remédio para tudo.

- Dizia um poeta:

-"Chorar pela vida,

   Até que a morte chegue,

   Não se sabe como, nem mesmo a hora.

   É o momento da partida eterna.

   Neste ataúde sombroso

   Tendo as flores ao redor,

   Uma veste que cobre o corpo tresandar.

   É hora da partida, é hora do último adeus.

   Respiras, pelo menos uma vez,

   Respiras a vida que te leva".

Neste momento, um forte som, como se fosse um último suspiro, um último respiro, um último sopro para a eternidade, sai da boca do morto e até levanta as flores que ali estão perto.

Não se deu outra, a não ser João sair correndo e deixando o defunto ali, sozinho, na calada da noite. O suspiro do defunto foi tão forte, que João ainda guarda na lembrança o que passou ali.

No outro dia, Márcia foi até a residência de João e ao saber do acontecido contado por João, disse:

- É que eu coloquei um balão cheio de ar, junto ao travesseiro, para que a cabeça dele ficasse em uma posição melhor. Portanto, o balão não aguentou a pressão e o ar vazou, jogando ar nas flores que estavam perto dele.

ÍNDICE.

Obrigado pela leitura.

Facebook – Página José Carlos de Bom Sucesso